W0060557

Freundinnen

CORINNE LUCA

Freund innen

DIE ANDERE GROSSE
LIEBE – NUR BESSER

Zum Schutz einiger Protagonisten wurden einzelne Details verfremdet. Eine Haftung der Autorin und des Verlages ist ausgeschlossen.

1. Auflage
© 2019 Benevento Verlag bei Benevento Publishing,
eine Marke der Red Bull Media House GmbH, Wals bei Salzburg

Medieninhaber, Verleger und Herausgeber:
Red Bull Media House GmbH
Oberst-Lepperdinger-Straße 11–15
5071 Wals bei Salzburg, Österreich

Satz: MEDIA DESIGN: RIZNER.AT
Umschlaggestaltung: FAVORITBUERO, München
Illustrationen: Shutterstock
Autorenillustration: © Claudia Meitert / carolineseidler.com
Printed in Germany

ISBN 978-3-7109-0063-1

Für unsere Freundinnen, die einstigen,
die jetzigen und die kommenden.
Für all die Sandkuchenbäckerinnen,
Geheimnisträgerinnen und Zuhörerinnen,
für unsere Wunderwaffen in allen Lebenslagen.
Es ist schön, dass es euch gibt.

Inhaltsverzeichnis

Was mich dieses Buch schreiben ließ

Es geschah an einem frostigen Abend im Februar, bei einem Italiener ohne richtige Heizung oder mit schlecht gedämmten Fenstern. Anwesend sind: ein trockener Fisch (hier haben sie nicht mit Hitze gespart), meine Freundin Anne, ich selbst und zu viel Wein. So wird unser Gespräch immer lebhafter, meine Wangen röter und meine Handbewegungen ausladender. Während ich gestikuliere, greife ich ab und zu zum Heizkörper und lege meine Hände darauf. Ein bisschen staubig, aber immerhin warm, nachher vielleicht noch mal Hände waschen, wobei, das Brot und den Fisch habe ich ja auch schon so gegessen.

Die zweite Flasche Rotwein kommt zusammen mit der nächsten Vorspeise und steht genau dreißig Sekunden auf unserem Tisch. Dann verschätze ich mich mit dem Winkel zwischen Heizgerät und Oliven-Crostini. Der Inhalt der Flasche ergießt sich über die rot-weiß karierte Decke. Rasant breitet sich der Rotwein aus, wird kurz am Tonkrug gestaut, in dem weiteres Besteck und Servietten auf ihren Einsatz warten, findet dann einen Weg um ihn herum und tropft schließlich an der gegenüberliegenden Seite des Tisches zu Boden. Anne kann gerade noch aufspringen.

Der Kellner kommt hinzu. Ich werde blass und stammele Entschuldigungen. Anne und ich versuchen mit den traurigen fünf Servietten aus dem Tonkrug einen Liter Rotwein aufzuwischen. Inzwischen schauen uns alle im Restaurant zu. Ein paar Gäste an den hinteren Tischen sind aufgestanden, um einen besseren Blick zu haben.

»Lassen Sie nur, Signora.« Der Kellner versucht freundlich und beschwichtigend zu klingen, aber ich kenne diesen Ton. Genauso klinge ich selbst, wenn meine jüngste Tochter etwas verschüttet hat und danach versucht, mir beim Aufwischen zu helfen, wobei sie alles nur noch schlimmer macht. Irgendwie beruhigend, dass nicht nur ich in diesen Situationen keine pädagogisch wertvolle Ruhe vortäuschen kann. Auch die professionelle Servicekraft scheint überfordert.

»Hätten Sie vielleicht Küchentücher?« Mit meiner Frage erlöse ich den Kellner. Er läuft erleichtert in Richtung Küche. Ich weiß nicht, wie lange ich noch wische, ohne dass es einen nennenswerten Effekt hat, weil die rote Suppe einfach überall heruntertropft, vom Tisch, aus den Zipfeln der Decke und erst recht aus meinen übervollen Aufwischservietten.

Hochpeinlich, denke ich. Alle gucken mich an und noch peinlicher, weil mir so etwas immer passiert. Immer, wenn ich entspannt sein will. Dann schaue ich nach oben und sehe Anne, die erst lächelt und dann lacht. »Typisch du«, sagt sie, ohne eine Spur von Vorwurf oder Spott, einfach nur wie jemand, der mich sehr gernhat und sehr gut kennt. Jemand, der mit mir schon eine Menge Rotwein getrunken und aufgewischt hat, und ich mit ihr, metaphorisch und tatsächlich. Mit ihrem Blick und ihrem Lachen nimmt Anne der Situation allen Schrecken und alle Peinlichkeit. Die Leute setzen sich und fangen wieder an zu essen. Der Kellner kommt, lächelt ebenfalls zum ersten Mal und wechselt die Tischdecke. Wir wischen alle drei noch ein wenig mit der Küchenrolle herum. Es ist eine von den guten, die das Fünffache an Flüssigkeit aufsaugt.

Dann sitzen Anne und ich wieder am zugigen Tisch, und ich habe trotzdem ein ganz warmes Gefühl im Bauch, das nicht von der neuen Flasche Wein kommt. Die habe ich nämlich Anne überlassen. Mir ist warm, weil mir an diesem Abend wieder bewusst wird, wie viel Glück ich habe. Weil ich diese Freundin habe, mit der mir nichts jemals peinlich sein muss. Auch wenn es ziemlich peinlich ist. Da ist dieses Gefühl, das in Filmszenen gern damit beschrieben wird, dass sich Frauen wortlos Tampons reichen. Wenn ich mich richtig erinnere, haben Anne und ich das noch nie gemacht. Dafür kennt sie meine Lieblingseissorte und ertränkt lachend rot-weiß karierte Tischtücher mit mir. Mindestens genauso wunderbar.

Ähnlich wie die Weinflasche beim Italiener hat auch dieses Buch von Anfang an seinen eigenen Kopf. Die Idee schlummert bereits eine Weile in mir. Freundschaften faszinieren mich schon immer: warum wir sie schließen, wie sie sich entwickeln und was sie mit uns machen. Also beginne ich, alles zum Thema zu lesen, was ich in die Finger bekomme. Irgendwann weiß ich, was diese Studie und jene Wissenschaftlerin zur Freundschaft sagt und worüber sich die Philosophen Gedanken machten. Ich fange an zu schreiben und ich schreibe munter fast ein halbes Buch, von dem ich hoffe, dass es klug und belesen klingt. Ich möchte es »Das Freundschaftshandbuch« nennen.

Dann komme ich nicht weiter. Ich lege die Stirn immer häufiger in Bügelfalten und starre Freundschaftsfragelöcher in die Luft. Zuerst denke ich, es hat sich nur eine normale Schreibblockade bei mir eingenistet. Eine von denen, die man wegschlafen oder wegspazieren kann. Aber so einfach ist es dieses Mal nicht. Nach meinem Abend beim Italiener weiß ich auch, warum. Das ganze Analysieren und die vielen Fakten fühlen sich nicht mehr richtig an. Nicht, weil mir eine Schreibblockade, sondern weil mir das Leben dazwischengekommen ist.

Es ist wegen Anne und meinem warmen Bauch und wegen der Tatsache, dass ich in nicht allzu ferner Zukunft vierzig werde. Vierzig Jahre sind lang und doch kurz. Halbzeit vielleicht? Man bemerkt, dass die Leute verdammt recht haben, wenn sie sagen, dass das Leben immer schneller vergeht, je mehr man davon verbraucht. An meinen Kindern sehe ich, wie Monate zu Minuten werden. In den vergangenen Jahren habe ich gelebt und geliebt, wurde beklatscht und bin hingefallen. Ich habe herausgefunden, dass selbst nach der Erreichung des größten Zieles verlässlich ein noch größeres auftaucht und dass das alles nicht schlimm ist, sondern einfach der Lauf der Dinge. Dieser Lauf der Dinge hat mich mal enttäuscht, wenn ich es am wenigsten erwartete, und mich dann wieder so glücklich gemacht, wie ich es mir nie hätte erträumen können. Ich habe geheiratet, Kinder bekommen und Bücher geschrieben. Im Rückblick ist da sehr viel buntes Leben und eine (zunächst banale) Erkenntnis: Glück ist selten ein Zustand, sondern eher eine Momentaufnahme.

Aber eines war immer konstant: In diesen Momenten waren jedes Mal geliebte Menschen um mich herum. Mit ihnen wurde es mir viele Male unvermittelt warm im Bauch. Sorgen konnten sich entfernen, manchmal für immer und manchmal zumindest für kurze Zeit. Und immer kam die Seele zur Ruhe, wenn sie vorher in Aufruhr war.

Die Welt, in der wir leben, ist komplizierter geworden, weniger verständlich und stellt immer neue Ansprüche an uns. Verständnisvoll zu bleiben und den Menschen zugewandt ist manchmal schwer. Irgendeiner meckert und nervt immer. Oft ist es sogar man selbst. Ich glaube: Gerade deswegen brauchen wir andere Menschen, brauchen wir Beziehungen und Freundschaften, mehr denn je. Wir sollten uns an sie erinnern, in sie investieren und sie pflegen.

Auch wenn das Leben und ein (zumindest gefühlter) Zeitmangel es nicht immer leicht machen.

»Ohne Freundinnen ist das Leben nur halb so schön.« Fünf Euro ins Phrasenschwein. Oder keine Angst vor Kitsch und Gefühlen. Die Magie der Freundschaft zu beschwören hört sich stets ein wenig nach wolkigen Teenagerträumen an. Weil sich »meine beste Freundin« in Zeiten des Ichs mit endloser Flexibilität für Beruf und Lebenschancen nicht mehr so einfach schreibt. Weil es sich heute fast wie eine Leichtsinnigkeit anfühlt, sich fest an jemanden zu binden, mit dem man nicht die gleichen Gene oder Tisch und Bett teilt. Und doch tun wir es jeden Tag. Selbst die größten Zyniker und Einzelgänger wünschen sich in einem Winkel ihres Herzens, dass diese Idee von Vertrauen und Verbundenheit wahr ist. Es sind die Menschen um uns und die Geschichten mit ihnen, die uns zu dem machen, was wir sind. Nach diesem Abend mit Rotwein-See wusste ich: Ich will kein schlaues Erklärbuch über Freundschaft mehr schreiben. Die bisherigen Seiten hatten mich sowieso mit dem Gefühl zurückgelassen, dass man sich lange theoretisch mit Freundschaft befassen kann und vermutlich doch nichts über sie erfährt. Das ist ein bisschen wie mit der Liebe.

Ich will stattdessen versuchen, der Freundschaft, der kleinen und der großen, der federleichten und der schmerzhaften, in Geschichten nahezukommen. Denn manchmal, mitten in den kleinen und großen Glücks- und Unglücksmomenten des Alltags hat man eben doch das Gefühl, etwas von ihr zu verstehen.

So bin ich von den Fakten zum Erzählen gekommen. So ist dieses Buch ein Buch mit vielen kleinen Episoden geworden. Sie handeln von den Sandkuchenbäckerinnen, den Spickzettelweitergeberinnen, den Liebeströsterinnen, den Wegbegleiterinnen und Zuhörerinnen. Sie handeln von meinen Freundinnen und meinen Freundschaften. Es sind Geschichten von Begeisterung, Glück, Selbstaufgabe und Selbsterkenntnis, Erzählungen von Abhängigkeit, Eifersucht und Enttäuschung und irgendwie auch immer von der Liebe. Sie spannen sich von meiner Kindheit bis ins Heute. Da ist die Geschichte, in der ich mich frage, wie viele Freundinnen man eigentlich braucht (»Die mit der Suche«). Oder die, die von einer verlorenen Freundschaft und dem Scheitern an mir selbst berichtet (»Die mit der verlorenen Freundschaft«). Die Überschriften klingen nicht ganz zufällig wie Folgentitel der US-amerikanischen Serie *Friends* (»The one where Ross and Rachel … you know«), meiner bescheidenen Meinung nach eine der besten Serien aller Zeiten. Ach, und um Freundschaft geht es dort auch.

Dieses Buch ist nicht »Das Freundschaftshandbuch« geworden, an das ich ursprünglich dachte, und ich bin darüber sehr froh. Es ist eher die Art Buch, die eine Flasche Wein verschüttet und darüber herzlich lachen kann. Es ist wie ich und meine Freundinnen. Ich hoffe, Sie haben genauso viel Freude beim Lesen der Geschichten wie ich beim Schreiben, und ich wünsche mir, dass die eine besondere dabei ist. Die, die Sie die sympathische Frau im Buchladen einfach ansprechen lässt. Die, die Sie dazu bringt, einen fast vergessenen Namen in der Suchmaschine einzutippen. Die, die Sie überzeugt, die Chefin, den Partner oder die Kinder zu vertrösten, um mal wieder anzurufen und zu sagen: »Komm, ich hab keine Zeit, wir sollten uns unbedingt treffen.« Vielleicht nehmen Sie dann zum Treffen sogar dieses Buch mit.

Was ich
als *Kind*
über
Freundschaft
denke

Andere Kinder sind nett zu dir, wenn du sie nicht beißt oder an den Haaren ziehst.

Wenn du jemanden als Freundin haben willst, nimm sie an die Hand und spiel mit ihr.

Freundschaften mit Jungs machen keinen Sinn. Sie sind laut, popeln und essen die Popel dann auf.

Wenn jemand deine Freundin ist, gibt sie dir von ihrer Schokolade ab. Wenn jemand will, dass du ihr deine ganze Schokolade gibst, ist sie nicht deine Freundin.

Prinzessin spielen geht immer. Barbies sind toll, aber schrecklich kompliziert anzuziehen. Regenbogen malt man in allen Farben, und Mamas Make-up ist stets großflächig aufzutragen.

Für Übernachtungsbesuche braucht ihr identische Schlafanzüge.

Wenn ihr euch verabschiedet, müsst ihr euch Spielzeug ausborgen.

Bei Kindergeburtstagen darfst du so viele Freundinnen einladen, wie du alt bist.

Wenn du dich streitest, solltest du danach fragen: »Wollen wir uns wieder vertragen?«

Wenn du ein Geheimnis erfährst, musst du mit der rechten Hand schwören, dass du schweigen wirst wie ein Grab. Das klappt nicht immer.

Wenn du erwachsen bist, wird alles so sein wie jetzt.

Die Geschichte, in der Nora durch die Hecke kommt

In den Sommerferien zwischen der ersten und zweiten Klasse beschließen meine Eltern umzuziehen. Es ist keine große Sache. Wir ziehen ein paar Kilometer weiter, von einem Dorf in das andere. Nur dass im anderen Dorf ein Haus steht. Ich kenne es gut. Es ist das Haus meiner Oma, die jetzt in eine Wohnung zieht und uns die zwei Stockwerke mit Garten überlässt.

Ich kann mich nicht erinnern, auf der Suche nach einer Freundin gewesen zu sein, als ich in diesem Sommer Nora treffe. Überhaupt kann ich mich nicht erinnern, eine beste Freundin herbeigesehnt zu haben. Auch wenn mich mit sieben langsam der Verdacht beschleicht, dass eine andere Person vielleicht sinnvoll wäre. Schon allein, um den sich anbahnenden Schock zu verdauen, dass meine Eltern mich doch nicht so blind verstehen, wie ich denke. Bisher hielt ich nämlich sie für meine besten Freunde.

Ich ahne bereits, dass Freundschaft etwas anderes ist als Familie. Ich weiß aus Büchern, dass man sich vor nichts fürchten muss, wenn man Freunde hat. Dass sie einander helfen, weil der kleine Bär dem kleinen Tiger auf dem Weg nach Panama eine Regenhütte baut, damit er nicht nass wird. Und der kleine Tiger Pilze sucht, als sie Hunger haben. In meiner Vorstellung ist Freundschaft etwas Selbstverständliches. Etwas, das einfach passiert, wenn es an der Zeit ist. Es ist nichts, wonach man sucht oder woran man scheitert.

Ich mache die Frauen in meiner Familie für meine entspannte Haltung gegenüber der Freundschaft verantwortlich. Als Kind liebe ich es, meine Oma und ihre Freundinnen beim Kartenspiel zu beobachten. Die Frauen scherzen und erzählen sich Geschichten, manche davon so oft, dass auch ich sie bald auswendig kenne. Von Zeit zu Zeit legt sich eine Schwere über die Runde: Kinder kommen nicht mehr zu Besuch, Männer gehen für immer, und irgendwann fehlt eine der Freundinnen ganz. Und doch habe ich das Gefühl, dass keine Traurigkeit diesen Frauen ihre Zusammengehörigkeit nehmen kann.

Mit sieben halte ich Freundschaft für so etwas wie mein Geburtsrecht als Frau. Auch die besondere Einstellung meiner Oma Beziehungen gegenüber kenne ich schon. Sie meint damit wohl nicht unbedingt nur Freundschaften, was sich daran zeigt, dass ich die Sätze immer häufiger höre, je tiefer ich in die Pubertät rutsche. Aber bereits in diesem Sommer macht es für mich Sinn, wenn sie sagt: »Wenn du am Strand stehst und etwas Glitzerndes im Wasser siehst, kannst du dich hineinstürzen und wie eine Verrückte danach suchen. Dann bist du am Ende, wenn du Pech hast, eine tropfende traurige Gestalt. Oder du wartest, bis etwas an Land gespült wird. Weißt du, man kann auch einfach warten, bis das Glück zu einem kommt. Irgendwann kommt es ganz sicher.«

Mit dieser Gewissheit und einem Stapel Erstlesebücher gehe ich in die Sommerferien. Ich verbringe meine Tage im neuen Garten und bin zufrieden. Mein Vater hebt am heißesten Wochenende des Jahres eine Grube aus, die er mit einem Pool bestückt. Es geschieht auch in der Hoffnung, mich zu einer anderen Aktivität als dem Lesen zu überreden, das ich gerade erst entdeckt habe. Ich überlege, ob ich die Buchseiten mit dem Laminiergerät aus seinem Arbeitszimmer so einschlagen kann, dass mein Buch auch unter Wasser nicht nass wird. Seit ich mich erinnern kann, bin ich fasziniert von den Figuren aus Kinderbüchern. Warum man sich mit der Realität beschäftigen soll, wenn man genauso gut lesen kann, verstehe ich auch später manchmal nicht. Mit 23 schließe ich mich auf einer als »Party des Jahres«-hochgejubelten WG-Feier auf der Gästetoilette ein, um *Das kunstseidene Mädchen* zu lesen. Ich finde, dass Irmgard Keun mir mehr über die Unsicherheiten und Abgründe meiner Zwanziger beibringen kann als die Veranstaltung vor der Tür. Oma wäre stolz gewesen, weil ich mich nicht nass mache, zumindest nicht an diesem Abend.

In diesem Sommer fasziniert mich das erste Mal in meinem Leben ein Mensch so sehr wie die Figuren aus meinen Büchern. Der Mensch heißt

Nora. Ich bin fasziniert von ihr, weil sie mich versteht. Weil sie im Herzen auch mehr Einzelgängerin als Mittelpunkt ist. Weil wir bald unsere Zeit lesend nebeneinander verbringen, Nora mit ihren Comics und ich mit meinen Büchern. Wir lesen in unseren Zimmern, im Gras und spätnachts im Garten meiner Eltern. Wir lesen in unserem Zelt im Schein der Taschenlampe. So lange, bis die vertrauten Atemgeräusche der anderen ankündigen, dass sie bald einschlafen wird. Manche erinnern Gerüche an ihre Kindheit oder eine bestimmte Musik. Für mich ist es Noras gleichmäßiger, sich stetig verlangsamender Atem. Zu wissen, dass sie bald schlafen wird.

Zunächst aber ist von Nora noch nichts zu sehen und meine Eltern sorgen sich ein wenig. Sie sind extra in den Ferien umgezogen, damit ich »Anschluss« finden kann, wie sie es nennen. Nun versuchen sie, den Gedanken wegzuschieben, dass sie mich an diesen neuen Ort verpflanzt haben und ich vielleicht unglücklich bin. Als sie mir ohne jeden Anlass Rollschuhe schenken, um mich auf die Straße zu locken, ahne ich, was sie erwarten, und fahre von nun an jeden Tag mit einem Buch in der Hand die Straßen auf und ab. Als ich stürze, kaufen sie mir Knie- und Ellenbogenschoner.

Bei einem dieser Rollschuhausflüge sehe ich Nora zum ersten Mal, wie sie in einer Hecke verschwindet. Ein paar Straßen von meinem Elternhaus entfernt gibt es ein verlassenes Haus, umrahmt von ungeschnittenem Strauchwerk. Genau durch dieses undurchdringlich scheinende Geäst geht das Mädchen, das ich noch nicht kenne, als wäre es eine Tür. Ich blicke mich um, aber niemand außer mir ist auf der Straße. Es wäre auch egal, denn bald bemerke ich: Mit Noras Verschwinden verhält es sich wie mit vielen verbotenen Dingen. Wenn man sie mit großer Selbstverständlichkeit tut, nimmt sie kaum jemand wahr, schon gar nicht die Erwachsenen.

Ich hingegen sehe Nora deutlich vor mir durchs Grün gehen und ich sehe sie noch ein paar Mal, bevor sie irgendwann auch mich sieht und dann, ein paar Tage später, meine Hand nimmt und mich mit sich zieht. So stolpere ich auf meinen Rollschuhen hinterher, unsicher und neugierig zugleich.

Nora ist so alt wie ich und wohnt nur ein paar Straßen entfernt zusammen mit ihrer acht Jahre älteren Schwester und ihren Eltern in einer Wohnung. Ein Jahr später wird sich ein weiteres Kind ankündigen, das sich als kleiner Bruder herausstellt. Nora besteht auf der Einschätzung, dass ihre Mutter nur noch ein Kind bekommt, weil sie selbst so unglaublich süß gewesen sei. Schließlich, so erklärt sie weiter, habe ihre Mutter doch eigentlich geschworen, dass sie mit dem Thema durch sei. Es ist ein Schnipsel aus der Erwachsenenwelt, aus einem heimlich mitgehörten Gespräch, den Nora mir hier offenbart. Er macht auf mich ziemlichen Eindruck.

Die Konkurrenz des kleinen, spannenden Bruders muss ich nicht lange fürchten. Zwei Wochen nach seiner Ankunft verkündet Nora ihren Eltern, dass sie ihn wieder zurückbringen können, sie hätte jetzt genug mit ihm gespielt. Technisch gesehen ist Nora also beinahe ein Einzelkind, wie ich eines bin, und ich glaube, sie wäre manchmal wirklich gern eines gewesen. Bereits in den ersten Tagen sagt sie, wie »schön übersichtlich« meine Familie sei.

Dass Noras Familie anders ist als meine eigene, bemerke ich, aber es beeindruckt mich mehr, als es mich verwundert. Ich höre, wie im Dorf gesagt wird, dass Noras Mutter ihre Fenster häufiger putzen könnte und dass bei ihnen die Rollläden manchmal bis zum Mittag nicht geöffnet werden. Noras Familie fällt auf, genauso wie Noras zweiter Vorname: »Pamela«. Sie ist nach Pamela Ewing aus der Fernsehserie *Dallas* benannt, was mich sehr an meiner neuen Freundin beeindruckt. Noras Mutter selbst erklärt mir, dass sie den Namen aufgrund von Pams einwandfreiem Charakter und ihrem umwerfenden Aussehen für ihre Tochter ausgesucht hat. Auch wenn sie den Drehbuchautoren der Serie nie verzeihen wird, dass sie Pamela Ewing Letzteres durch einen Autounfall nahmen.

In Noras Familie erlebe ich zum ersten Mal, dass man die Dinge anders machen kann, als ich es gewohnt bin. Während wir vor dem Essen innehalten, uns kurz ansehen und einen guten Appetit wünschen, stürmt man bei Nora an den

Tisch, um in atemberaubender Geschwindigkeit den Teller zu leeren. Beim ersten Mal sitze ich irritiert dazwischen wie eine Schnellläuferin, die den Startschuss nicht gehört hat. So bin ich am Ende des Wettessens die mit dem vollsten Teller und damit nur der Bettelmann, kämpfe mich aber bald souverän zur Königin vor und werde an einem legendären Herbstabend mithilfe von Käsebrot und klein geschnittenen Gurken zum ersten Mal Essenskaiser. Ich mag das Neue, und doch bleibt das Schönste am Essen bei Nora immer der Abschluss, wenn wir uns ganz in Ruhe den Nachtisch teilen.

Es dauert nicht lange, bis wir im ersten Sommer jeden Tag zusammen durch die Hecke gehen. Wir verbringen viel Zeit im verlassenen Garten. Dort steht ein Schuppen, dessen Schloss jemand aufgebrochen hat. Nora hat ihn bisher nicht betreten, aber zusammen nehmen wir ihn in Besitz. Gegen den Zaun des Gartens lehnen sich Himbeersträucher, die in unserem ersten Sommer Früchte tragen. Ich sehe die fast dunkelroten Beeren bei meinem dritten Besuch zum ersten Mal und weiß in diesem Moment genau, was ich machen will. Ausgerüstet mit alten Pappkartons kommen wir wieder. Zuerst zerdrücken wir viele Beeren. Wir sind zu ungeduldig und fürchten uns vor den Kratzern, die die Stacheln der Sträucher auf unserer Haut hinterlassen. Nach und nach bekommen wir Routine. Wir biegen mit der einen Hand vorsichtig die Ruten zur Seite und lösen mit der anderen die

Beeren, nur ganz sanft mit ein wenig Druck, damit wir sie nicht zerdrücken. Die Sonne scheint, es ist warm. Die Himbeeren landen abwechselnd im Karton und in unserem Mund. Roter Saft tropft von unseren Fingern und läuft über die Schrammen, die den ganzen Rückweg auf unseren klebrigen Händen nachbrennen.

Aber das stört uns nicht, denn wir haben einen Plan. Ich habe einen Plan. Ich will einen Kuchen backen. Einen Himbeerkuchen, den Nora und ich im Sonnenschein essen. In der Küche muss ich den Messbecher suchen, den Ofen habe ich bereits angestellt. Ich wische mir den Schweiß von der Stirn. Ein Blick auf die Uhr, noch eine Stunde bis meine Mutter nach Hause kommt. Nora scheint aufgeregt, und ich bin es auch. Es ist das erste Mal, dass ich ganz allein etwas zubereite. Ich versuche, es mir nicht anmerken zu lassen.

Wir bekommen die Rührstäbe nicht in das Rührgerät, also beginne ich, den Teig mit der Hand zu vermengen. Er will sich nicht verwandeln und bleibt eine klumpige Masse. Ich schaue noch einmal im Rezept nach. Es ist für Kirschkuchen, ob es daran liegt? Meine Mutter hat die Reihenfolge nicht notiert, in der man die Zutaten hinzugibt. Wann kommt das Mehl, wann das Wasser, wann der Zucker? Ich werde unruhig, Nora sagt: »Nicht schlimm. Dann essen wir die Himbeeren eben einfach so.« Aber ich spüre ihre Enttäuschung. Oder ist es meine eigene? Das muss doch klappen mit dem Kuchen!

Mit jeder Minute, die ich verstreichen lasse, isst Nora gedankenverloren Himbeeren aus dem Karton. Wenn ich so weitermache, werden bald keine mehr da sein. Dann kommt mir die Idee: Pizzateig. Pizzateig kann ich. Den habe ich schon oft zusammen mit meiner Mutter gemacht. Ich spüle alles aus und beginne von Neuem. Wir haben Zeit verloren. Als ich den Teig ausrolle, kommt meine Mutter zur Tür herein.

»Kuchen aus Pizzateig?«, fragt sie lächelnd und versteht sofort, dass ich es allein zu Ende bringen muss, meinen ersten eigenen Kuchen, für mich und Nora. Aus dem Kühlschrank holt sie eine Rolle Fertigmarzipan. Ich rolle es auf dem Pizzateig aus, dann legen wir die Himbeeren darauf. Wir backen unseren Kuchen in der schweren Nachmittagshitze. Als wir beide ein Stück der warmen Himbeermarzipanpizza in unseren zerkratzten Händen halten, merke ich, dass meine Finger immer noch ein wenig nach Erde riechen. Ein Duft, der sich nun mit dem süßlichen Marzipan mischt.

Ich weiß nicht mehr genau, wie es geschmeckt hat. Ich weiß nicht, ob wir das Stück mit Schlagsahne oder Eiscreme gegessen haben. Aber ich erinnere mich noch an das Gefühl, als ich mit Nora am Tisch sitze. An meinen Stolz auf diesen Kuchen und an meine Begeisterung für Nora, die ich in ihn eingebacken habe. Ich bin Feuer und Flamme für sie, für uns und für die Welt, die wir um uns herum schaffen. Noch stört uns auch das Dorf nicht. Es ist uns egal, dass man, um hier wegzukommen, ein Auto oder eine Monatskarte braucht. Wir haben nur ein Fahrrad, aber damit fahren wir die Straße auf und ab oder bis an die Elbe. Dort werfen wir es einfach ins Gras, weil hier noch nie irgendwo ein Fahrrad gestohlen wurde. Wir nennen das Dorf noch nicht Kaff. Sagen noch nicht, dass man hier doch um zwanzig Uhr, pünktlich zu den Nachrichten, die Bürgersteige hochklappen könne, dass man hier nicht tot über dem Zaun hängen möchte. So eine Dorfkindheit vor der Pubertät und kurz nach der Wende ist vertraut und weitgehend wunschlos. Es gibt kein Kino, keinen Buch- oder Spielwarenladen, nicht einmal einen Spielplatz. Überhaupt hat man die Marktwirtschaft noch nicht richtig verstanden. Im Konsum, der jetzt der Supermarkt irgendeiner Kette ist, gibt es keine Musik im Laden. Die billigen Sachen stehen noch nicht in Greifhöhe, und niemand legt Quengelware an die Kasse. Auch die Kinderzeitschriften mit dem Plastikspielzeug haben es noch nicht zu uns geschafft. So kann man uns gefahrlos mit einem Geldschein einkaufen schicken, zum Beispiel jeden Samstagmorgen zum Bäcker. Am besten ist man dort vor halb acht. Dann bekommt man noch Croissants, die eigentlich nur Hörnchen aus Hefeteig sind. Den Samstagmorgenweg zum Bäcker laufen Nora und ich nun gemeinsam. Er dauert jetzt doppelt so lang wie früher, und unsere Familien warten hungrig am Frühstückstisch.

Als nach unseren ersten Sommerferien die Schule beginnt, werden Nora und ich noch unzertrennlicher. Was uns in den Augen der anderen miteinander verbindet, ist eine Art Migrationshintergrund. Unsere Familien sind im Dorf das, was man »Zugezogene« nennt. Das liegt nicht daran, dass wir erst vor ein paar Wochen in das Haus meiner Oma gezogen sind, sondern gründet bereits auf der Tatsache, dass meine Oma das Dorf erst »nach dem Krieg« mit Mann und Kind betreten hat. Noras Eltern sind gekommen, als man in der entstehenden DDR neue Einwohner für den Aufbau der benachbarten Gewächshausanlage suchte. Als Zugezogene sind wir nicht per se unbeliebt, aber man erwartet von uns, dass wir den ersten Schritt tun. Nora und ich machen ihn nur selten.

Wir haben einander. Zusammen navigieren wir uns durch den Spätsommer und den folgenden Herbst, in dem sich die Erkenntnis in uns breitmacht, dass die Erwachsenen zunehmend abwesend sind. Sie haben andere Dinge zu tun. Vielleicht, weil wir jetzt acht sind oder weil wir uns gemeinsam noch weniger als Kind fühlen als vorher allein, oder vielleicht, weil wir die Gespanntheit der Veränderungen dieses Nachwendejahres um uns herum wahrnehmen, packen wir nun immer häufiger Wurst und Brot aus dem Kühlschrank ein und essen im Schuppen zu Abend. Dann zwingt uns der Winter wieder zurück.

Wenn ich heute darüber nachdenke, bin ich überrascht, dass ich mich in diesen Jahren mit Nora kaum an andere Kinder erinnere. Es gab sie wohl, die anderen Freundinnen, die mit uns im Schuppen saßen, Rollschuh liefen oder Tennis gegen die Hauswand spielten. Aber ich muss sie aus meiner Erinnerung hervorkramen, muss bewusst an sie denken, damit mir die Geschichten, die Erlebnisse mit ihnen einfallen. Wahrscheinlich, weil sie nur Statistinnen waren und nicht daran rütteln konnten, wie unzweifelhaft Nora und ich zusammengehörten. Heute überlege ich, was Nora vor mir gemacht hat. Hat sie im verlassenen Garten in Büchern geblättert genau wie ich in unserem, ohne dass sie etwas vermisste? Als ein Mädchen aus unserer Klasse wegzieht, sagt Nora fast beiläufig zu mir: »Mich interessiert niemand außer dir. Wenn uns so etwas passiert, sind wir am Arsch.«

Nora ist die erste Person, in die ich verknallt bin, vor der ich mit offenem Mund stehe. Ich habe sie nie kopiert, nie die gleichen Sachen angezogen oder mir die Haare wie sie gemacht. Wir blieben beide immer wir selbst, aber mit der Gewissheit, dass dort noch jemand ist, der die Welt beinahe genauso sieht wie man selbst. Wir haben die Fremdheit der anderen Stück für Stück aufgehoben und etwas Neues, etwas Gemeinsames daraus geschaffen. Nora ist meine erste beste Freundin. Nach ihr würde ich nicht zurückkehren können in die Unbeschwertheit davor, zurück zu meiner Zuversicht, dass Freund-

schaften einfach so entstehen. Ich würde dieses
Gefühl wieder suchen. Ich würde nur schwer
warten können, bis es mir einfach vor die Füße
gespült wird, wie es der Rat meiner Oma war.
Und vermutlich würde ich deshalb ein paar Mal
nass und bemitleidenswert am Strand stehen,
mit nichts als Sand in meinen Händen.

Freundschaftswissen: Matherätsel

An der Universität von London wurden dreißig Siebenjährige von Marie-Josephe Chauver
und Peter Blanchard in drei Gruppen einge-
teilt, um mathematische Rätsel zu lösen. Eine
Gruppe wurde willkürlich zusammengestellt,
eine Gruppe bestand aus den Kindern mit
den besten Mathenoten und die letzte ausschließlich aus besten Freunden. Anders als
die Wissenschaftler es vermutet hatten, lenk-
ten sich die Kinder in der Freundesgruppe
nicht mehr ab, sondern blieben am gedul-
digsten bei der Sache. Bei der Auswertung
wurde klar: Die Freundesgruppe war auch
die mit den besten Ergebnissen.

Die mit dem Kochlöffel meiner Mama

In meiner Familie haben wir uns immer gemeinsam um den Tisch versammelt. Meine
früheste Erinnerung an Behaglichkeit ist der
Geruch von Pfefferminztee. Es gibt ihn bei
uns den ganzen Tag über, am Morgen zum Mar-
meladenbrötchen und am Abend zum Käsebrot. Dann ist er nur noch lauwarm, schließlich
hat er einige Stunden in der großen Thermos-
kanne gewartet. Meinen Puppen serviere ich
Pfefferminztee, meinen Kindergartenfreundin-
nen ebenso, wenn ich ihnen nicht gerade Sand-
kuchen backe.

In der richtigen Küche bringt mir meine
Mama bei, wie man Eierkuchen wendet. Nicht,
weil ich ein Mädchen bin, sondern weil sie das
Kochen und Backen liebt. Weil sie Freude daran
hat und es keinen Grund gibt, diese Freude
nicht zu teilen. Meine Mama hat das Kochen
und Backen nicht von ihrer Mama gelernt, nicht
auf diese Art. Auch meine Oma kochte jeden
Tag. Aber sie kochte, weil es ihre Aufgabe war.
Es gehörte dazu wie das Einkaufen, Wäsche-
waschen oder Putzen. Erst meine Mama und
ich hatten die Wahl. Vielleicht lieben wir es deshalb so sehr, weil das eine nicht ohne das andere
geht. Weil man nur das wirklich lieben kann, was
man selbst gewählt hat.

Meine Mama liest Kochbücher zum Vergnügen und sie studiert sie vor besonderen Tagen, vor Familienfeiern oder Essenseinladungen an Freunde. Dann streicht sie Rezepte an, plant und kocht manchmal Probe. Es ist die Vorfreude und Feierlichkeit solcher Einladungen, die in mir eine vielleicht merkwürdig anmutende Idee entstehen lassen, die mich bis heute begleitet. Die Art, wie meine Mama angesehen wird, wenn sie ihr Essen auf den Tisch bringt, die Gesichter ihrer Gäste, wenn sie essen, die gespannte Erwartung, wenn sie selbst zu Essenseinladungen aufbricht, lassen mich vermuten, dass hier auch Gefühle verkocht werden. Dass Beziehungen auch essbar sind.

So bestehe ich an meinem ersten Schultag darauf, einen Kuchen mit in die Klasse zu nehmen, versorge meinen Schwimmkurs mit selbst gemachten Keksen und erscheine mit selbst gemachten Pralinen bei meinen Praktika, um schließlich bei meinem ersten richtigen Job am ersten Tag eine Lasagne für das gemeinsame Mittagessen mitzunehmen. Diese bleibt in der hippen Berliner Agentur unangetastet und bringt mir ein paar ungläubige Blicke ein.

In mein Unterbewusstsein ist die Vorstellung eingezogen, dass zum Zwischenmenschlichen und erst recht zu einer Freundschaft gehört, dass man füreinander kocht. Seit der Lasagne-Episode habe ich zwar die Vermutung, dass richtige Erwachsene sich schlechter von mir mit Süßem und Fettigem überzeugen lassen als Kinder oder hungernde Studenten, bei denen es immer ganz gut geklappt hat. Aber das Essen und die Menschen, mit denen ich es teile, bleiben bis heute die Fenster zu den Momenten, an die ich mich gern erinnere.

Möhrenkuchen werde ich immer mit Lene verbinden. Sie rührte in unserer Wohngemeinschaft in England zu meiner Verwunderung auf einmal echte Mohrrüben in einen Kuchenteig.

Mit Mitte zwanzig, als ich es selbst kaum erwarten kann, eine dieser richtigen arbeitenden Erwachsenen zu werden, sehe ich mich mit einer Weinflasche in der Hand und dem Telefon am Ohr im Spätkauf stehen. Ich plane stolz und für alle hörbar das Essen mit meinen Freundinnen am Abend. Unsere Dinnerpartys hielten wir, genauso wie uns selbst, für ziemlich ausgefallen und erwachsen. Aber wir essen auch Stinkekäsebrote nach durchtanzten Nächten und am kommenden Sonntag Tüten voller Chips und Nachos. Für die mit den schwachen Mägen gibt es Salzstangen und Cola. Wenn es um Freundschaft geht, zählt das geteilte Popcorn während des Films genauso viel wie ein Drei-Gänge-Menü.

Ich achte bis heute darauf, wie Menschen essen, wie langsam oder wie schnell, was sie im Restaurant bestellen und was im Schnellimbiss. Ich finde kaum etwas spannender als fremde Küchen. Ich mag Menschen um mich, die gern kochen und essen. Anthropologen meinen, dass die erste soziale Aktivität, die der primitive Mensch sich ausgedacht hat, das gemeinsame

Essen war. Den Teil unseres Gehirns, der Appetit und unsere Vorlieben beim Essen kontrolliert, teilen wir uns mit Echsen. So alt ist er. Paare, die das Gleiche essen, werden von Testpersonen als doppelt so harmonisch wahrgenommen wie Paare, die nur gleich angezogen sind. Und Studienteilnehmer fanden Fremde, die das Gleiche aßen wie sie, viel vertrauenswürdiger als Fremde, die ein anderes Gericht verspeisten. Angeblich werden mehr Kochbücher als Bibeln auf der Welt verkauft. Mir reicht die Erkenntnis, dass Menschen, die Essen lieben wie ich, mir immer gute Freundinnen waren.

Die mit der verlorenen Freundschaft

1996 bin ich vierzehn Jahre alt. Es ist heiß, und
ich trage ein weites Fruit-of-the-Loom-Sweat-
shirt mit Kapuze in Größe »L«. Ich besitze es
dreimal, in Grau, Blau und Dunkelgrün. Der
Kapuzenpulli ist meine Sommeruniform. Mich
irritieren meine rasant wachsenden Brüste. Zuerst fallen mir die Blicke der anderen Mädchen
auf. Ich mag die Blicke nicht, wenn ich die
Spaghetti-Tops und T-Shirts vom Vorjahr trage.
Ich schwitze lieber unter dem Sweatshirt und
krempele die zu langen Arme einfach so lange
um, bis sie dicke Wülste bilden, die von meinen
Ellenbogen gehalten werden. Unweigerlich
winkle ich so den ganzen Sommer leicht die
Arme an. Nachfragen beantworte ich mit: »Mir
ist nicht warm.« Unterhalb des Pullovers trage
ich eine Kollektion aus Jeansshorts. Das Poten-
zial von nackten Beinen habe ich noch nicht
erkannt.

Am ersten Montagnachmittag nach den
Sommerferien schlurfe ich mit Nora in Richtung
Turnhalle. Die Demütigung des Sportunterrichts,
des muffigen Betongangs, der klebenden Turn-
matten und der penetrant gut gelaunten Sport-
lehrerin, wird nur noch dadurch gesteigert, dass
sie uns zwingen, zwei Stunden nach Schulschluss
noch einmal zurückzukehren, um uns der ent-

würdigenden Prozedur zu stellen. Ein Jahr später werde ich auf die Idee kommen, sie mir mit wiederkehrenden Sportbefreiungen vom Leib zu halten. Ich finde dafür einen grau melierten Allgemeinmediziner, der mich alle paar Monate bittet, mich zum Abhören frei zu machen, und dessen Hände dafür ein wenig zu lang auf meinem Rücken liegen bleiben. Ich halte das Ganze trotzdem für einen fairen Tausch.

In der Umkleidekabine erwartet uns das bekannte Gemisch aus Körpern. Blanke Pobacken in einem neongrünen Tweety-Stringtanga wippen neben von Müttern aufgezwungenen ersten Sport-BHs und Baumwollunterhemden. Wortlos werfen Nora und ich uns einen Blick zu und drehen uns in Richtung Jungenumkleide. Sport wird an unserer Schule getrennt unterrichtet. Als ich die Tür öffne, sehen wir, dass sie wie vermutet leer ist.

»Puh«, sagt Nora und lässt sich auf eine Bank fallen. Es ist eines der ersten Worte, die wir an diesem Tag miteinander wechseln. Nach dem Familienurlaub hat Nora zum ersten Mal die verbleibenden Sommerferien bei ihrer großen Schwester in Süddeutschland verbracht. Ich bin zu Hause geblieben. Erst ein Jahr nachdem überhaupt jemand auf die Idee kommt, ein Handy zu entwickeln, das SMS verschicken kann, haben wir unseren Sommer damit begonnen, auf Festnetzanschlüssen nacheinander zu fragen, Telefonverabredungen zu treffen und sie dann immer häufiger zu verpassen. Nora kennt unser Dorf, die Elbwiesen und die Mücken so gut wie ich. Sie kennt die Eissorten bei Bella Italia in der Nachbarstadt und den Platz zwischen Weizenfeld und Kuhweide. Es fühlt sich falsch an, ihr ständig davon zu erzählen. Es gibt nichts Neues, nichts Aufregendes. Es ist ein Kindersommer, den ich erlebte. Alles ist vertraut, bis auf die Brüste eben, aber von denen will ich auch nicht am Telefon berichten. So breitet sich ein immer größeres Schweigen zwischen uns aus. Wir haben unsere Selbstverständlichkeit verloren. Nora fühlt vermutlich ähnlich. Sie will meiner Kindersommerroutine nicht die Erzählungen ihrer Tage voller neuer Dinge entgegensetzen. So vermeidet sie es, zu viel zu berichten, und ich vermeide die Namen, die sie traurig machen könnten. Die, die nun auf ihrem Platz in der Eisdiele sitzen.

Als ich Nora nach Wochen am ersten Schultag wiedersehe, ist es, als hätte unsere Freundschaft beschlossen, angesichts des aufziehenden Dramas der Teenagerjahre vorsorglich abzukühlen. In der Umkleide schäle ich mich aus meinem Sweatshirt-Panzer. Nora zieht ihr T-Shirt aus. Da sehe ich, wie scharf ihr Schlüsselbein unter dem Schulterblatt hervorsteht. Ich sehe deutlich ihren Rippenbogen und denke daran, wie ich heute Morgen stutzte, als ich sie umarmte. Nora bemerkt meinen Blick und beeilt sich, in die Halle zu kommen. Am Ende der Sportstunde sagt ein Mädchen mit Tweety-Tanga zu ihr, dass sie großartig aussehe.

Den Herbst über versuchen wir, halbherzig dort weiterzumachen, wo wir vor den Ferien aufgehört haben. Ein wenig auch, weil wir beide nicht wissen, was wir sagen sollen, wenn unsere Eltern vorschlagen, dass die andere zum Mittagessen oder Übernachten vorbeikommen solle. Bei einem dieser Mittagessen sehe ich Noras Mutter an, als Nora den Löffel wieder von sich schiebt. Es gibt schon eine Weile keine Titelvergabe und Siegerehrung mehr am Tisch. Irgendwann fanden wir das Wettessen kindisch. Aber jetzt teilen wir uns auch den Nachtisch nicht mehr. Beim kommenden Übernachtungsbesuch isst Nora kein Fleisch und lässt sich trotzdem nicht überreden, die vegetarischen Maultaschen zu probieren. Zum Frühstück fischt sie die Verpackung der Aufbackbrötchen aus dem Plastikmüll und untersucht die Nährwertangaben. In der Schule sehe ich sie nur noch Mohrrüben essen. Die anderen geben ihr den Spitznamen »Hase«. Nach einer Sportstunde im Januar findet der Tweety-Tanga, dass Nora »einfach nur noch krank« aussieht. Auf dem Nachhauseweg weine ich. Ich weine um die alte Nora, die unbekümmert ihre Füße in den Frühlingshimmel streckt, sie im Gegenlicht der Sonnenstrahlen dreht und sagt: »Sieh nur, was für schöne Zehen ich habe.« Ich weine um den Nachtisch, den ich jetzt allein essen muss. Um unsere Himbeermarzipanpizza. Ich weine, weil Essen so viel mehr als Essen ist und weil ich dachte, Nora wüsste es. Es kommt mir vor, als würde sie mit den Kalorien auch mich zurückweisen, denn ich verstehe sie nicht mehr, zum ersten Mal seit fünf Jahren, zum ersten Mal, seit wir uns kennen. Dabei will ich nur, dass sie sich selbst so sehr liebt, wie ich sie als Kind liebte, und sich mehr als Mohrrüben füttert. Ich will, dass sie mit mir wieder so viel wie möglich von unserer großen verrückten Welt aufsaugt. Ich will, dass sie ihren Nachtisch isst.

Kurz darauf ist der Tag, an dem Nora nicht mehr zur Schule kommt. Ich erfahre, dass sie in stationärer Behandlung ist. Ein paar Mal wähle ich die Telefonnummer ihrer Eltern und lege wieder auf, bevor ich das erste Rufzeichen höre. Ich gehe durch ihre Straße und hoffe, zufällig jemandem zu begegnen. Meine Mama bietet an, für mich nachzufragen. Dann traue ich mich und besuche sie. Ich besuche sie viel in den nächsten Monaten. Ich versuche, sie aufzumuntern. Wir blättern in der *Bravo Girl* und ich erzähle von der Schule. Noras Mutter fällt mir immer wieder in die Arme. Meine Eltern sagen, dass sie stolz auf mich sind. Vielleicht tue ich es auch, um die anderen nicht zu enttäuschen. Wenn ich bei Nora bin, möchte ich fröhlich sein. Alles soll so normal wie möglich wirken. Ein bisschen so tun, als wäre es wie früher. Dabei werden wir uns immer fremder. Erst nach einer Weile traue ich mich, sie zu fragen, wie es ihr geht.

»Ich bin müde«, sagt sie. »Ich möchte an etwas anderes denken.« Jahre später, mit Anfang zwanzig, als ich meine erste Crashdiät mache, glaube ich ein wenig zu verstehen, wie sie sich gefühlt hat.

Mit der Zeit versteht sich Nora immer besser mit einem anderen Mädchen auf der Station. Ich kann ihr nicht böse sein. Ich weiß nicht, was ich fragen soll, ich würde am liebsten immer nur mit dem Kopf schütteln. Wenn ich könnte, würde ich sie schütteln, würde »Was machst du hier?« rufen und dann noch »Es tut mir leid« sagen. Ich möchte Nora so gern helfen, möchte das halten, was unsere Freundschaft all die Jahre versprochen hat. Aber es entgleitet uns.

Nach einem halben Jahr ist Nora wieder zu Hause. Sie hat gemeinsam mit ihren Eltern beschlossen, auf eine andere Schule zu gehen. »Es tut mir leid«, jetzt sagt Nora es zu mir und dann noch: »Aber es ist gut. Dort schaut mich niemand so besorgt an wie du.« Dann lacht sie, und wir umarmen uns. Als ich gehe, wissen wir beide, dass ich wohl nicht wiederkommen werde. Ein paar Mal sehe ich Nora danach noch von Weitem an der Bushaltestelle oder in der Schlange beim Bäcker. Bis ich früher aufstehe, um sicherzugehen, vor ihr dort zu sein. Fast ein Jahr später winken wir uns in der Stadt zu, und Nora kommt mit einem anderen Mädchen zu mir herübergeschlendert. Wir unterhalten uns kurz.

»Wer war das?«, fragt das Mädchen als sie wieder gehen.

»Nur jemand aus meiner alten Schule«, sagt Nora.

Ich glaube, es begann bereits vor den Sommerferien, vor dem Tag in der Umkleide, an dem ich das erste Mal begriff, dass Nora genauso wie unsere Freundschaft langsam verschwand. Aber das ist nur meine Seite der Geschichte. Nora hat ihre. Wir tragen sie bei uns wie eine Hälfte dieser Freundschaftsketten, bei der jede ihren Teil eines in der Mitte zerbrochenen Herzens erhält. Ich weiß nicht, wie die beiden Seiten zusammenpassen. Ich habe Nora nie gefragt.

Die mit dem Arschgeweih und dem Erwachsenwerden

»Sollen wir ihre Mutter anrufen?«, ruft der Tätowierer mir noch zu, bevor er wieder hinter dem Vorhang verschwindet. Vor dem Vorhang sitzen Caro und ich. Caro ist leichenblass, und ich lasse ebenfalls eine gesunde Gesichtsfarbe vermissen. Ich schüttele den Kopf, und wir bleiben allein zurück. Caros Mutter anzurufen wäre jetzt die schlechteste Idee überhaupt. Die Unterschrift auf der »Einwilligungserklärung des Erziehungsberechtigten« ist nicht ihre. Aber das ist gerade nicht Caros größtes Problem.

»Sechs Stunden«, sagt sie leise. »Scheiße.«

Auf Caros Steißbein klebt etwas, das aussieht wie ein Zwitter aus Pflaster und Mullbinde. Es ist ein Wundpflaster. Darunter hat der Tätowierer in den letzten dreißig Minuten ein Tribal-Tattoo begonnen. Es soll einmal von der einen Hüfte bis zur anderen reichen und ein bisschen aussehen wie die Hörner eines Hirsches. Manche nennen es deshalb schonungslos beim Namen: Arschgeweih. Sechs Stunden soll das Ganze dauern, drei Sitzungen à zwei Stunden. Ich war beim Vorgespräch dabei.

»Tut aber wirklich weh, lieber wieder die Freundin mitbringen«, hatte der Tätowierer gesagt und Caro dabei durchdringend angeschaut.

Die 150 Mark als Anzahlung behält er trotzdem und schiebt uns den Zettel für Caros Mutter über den Tisch. Statt der schreiben wir jetzt Annika eine SMS. Als wir alle drei auf dem Bordstein sitzen, muss ich auf einmal lachen. Caro schaut zu mir herüber.

»Weißt du eigentlich noch, was du zu mir gesagt hast, bevor du ohnmächtig wurdest und er abbrechen musste?«, frage ich sie. Sie schüttelt den Kopf.

»Girlpower«, sage ich, und dann lachen wir. Girlpower. Das finden wir an dem Tag vor dem Tattoostudio auch so komisch, weil es ewig weit weg scheint. Schließlich sind Caro und ich damals schon fünfzehn, Annika fast sechzehn Jahre alt. Seit die Spice Girls verkündeten, dass man sich unbedingt gut mit den Freundinnen verstehen muss, bevor man der »Lover« werden konnte, waren zwei Jahre vergangen. Aber Caro hat Girlpower auch schon vor den Spice Girls verdammt ernst genommen. Und die Sache mit den Lovern auch.

Auf den Verlust von Nora folgt Caro, und Caro wirbelt in mein Leben wie ein bunter Kinderkreisel. Sie reißt mich mit, ohne dass ich es richtig bemerke. Caro überzeugt mich, den Kapuzenpulli auszuziehen, und shoppt mit mir vom Konfirmationsgeld mein erstes bauchfreies T-Shirt. Caro sagt »tolle Brüste« in der Umkleidekabine. Caro ist die Coolste. So cool, dass ich zunächst glaube, sie will mir einen Streich spielen, als sie sich für mich interessiert. Caro färbt sich eine Haarsträhne grün. Caro kommt eines Tages mit einer Ratte in die Schule, die den ganzen Tag lang in ihrem Pullover herumkrabbelt. Nur ab und zu lugt sie am Halsausschnitt oder an den Armen heraus, dann stopft Caro sie liebevoll zurück. Wenn die Ratte Durst hat, trinkt Caro einen Schluck, sammelt das Wasser im Mund und lässt die Ratte aus ihrer heruntergezogenen Unterlippe trinken. Von Caro lerne ich den gelangweilten Pubertätsblick. Wir kauen Kaugummi und rollen mit den Augen. Mit verknoteten Beinen sitzen wir überall auf dem Boden und zucken bei Ansprache mit den Schultern. Caro malt mir mit Tipp-Ex kleine Botschaften auf meinen brandneuen 4You-Rucksack. Und ich bin stolz.

Caro und ich werden uns nie sagen, dass wir beste Freundinnen sind. Vielleicht war ich dafür zu schüchtern und Caro zu cool. Sie hat immer viele Mädchen um sich: Annika, Julia, Katharina. Aber die kommen und gehen, und ich bleibe irgendwie, die ganzen kommenden drei Jahre bis zum Abitur. Aber so weit sind wir noch nicht. Zunächst haben weder Caro noch ich Abitur, dafür aber hat Caro einen Fünftel Hirsch auf der Hüfte und einen Freund mit Auto, der Fußball spielt und bei der freiwilligen Feuerwehr ist. Und Caro hat eine Mutter, die Caro mit großer Selbstverständlichkeit Caro sein lässt. So kommt es, dass wir das Feiern und die Jungs entdecken. Das erste Mal, als mich Caro zum Übernachten am Wochenende einlädt, bin ich überrascht, dass wir die meiste Zeit allein bleiben. Bei mir zu Hause wird Fanta gekauft, wenn sich Übernachtungsgäste ankündigen, und vorher das Lieblingsessen erfragt. Neben meinem Bett liegt dann eine Luftmatratze. Bei Caro schlafen wir zusammen in ihrem, denn Caro hat bereits ein Doppelbett. Meine Eltern schauen immer mal ins Zimmer und fahren uns in die Videothek. Auch, um den Film mit auszusuchen. Caro hat ihr Kinderzimmer im Keller. Dorthin tragen wir am Samstagvormittag das Essen und gehen bis zum nächsten Tag nur noch selten wieder hoch. Wir quatschen, blättern in Zeitschriften, schauen *Beverly Hills 90210*, *Melrose Place* und dann Caros Videosammlung. Nach *Interview mit einem Vampir* kann ich nächtelang nicht schlafen, aber als wir bei *Halloween* angekommen sind, finde ich Gefallen an Gruselfilmen. Am späten Sonntagvormittag, denn das sonntägliche Mittagessen ist meiner Mutter heilig, winke ich Caros Mutter kurz zum Abschied, bevor ich wieder nach Hause gehe. Manchmal begegne ich ihr auch erst, wenn ich aus der Tür komme und sie gerade einparkt. Dann weiß ich, dass wir das Haus für uns allein hatten.

Auf diese Art vergehen viele Wochenenden. Meine Eltern geben mir Pralinen für Caros Mutter mit, um sich für die fast wöchentliche Aufnahme ihrer Tochter und die damit verbundenen Umstände zu bedanken. Ich nehme sie mit nach unten in den Keller, und Caro und ich essen sie, während Andy Barclay Chucky die Mörderpuppe geschenkt bekommt. Dann entscheidet sich Caros Freund, dass er keine Lust mehr hat, am Wochenende früh ins Bett zu gehen, um Tore zu schießen und Schläuche aufzurollen. Am folgenden Samstagabend bleibt der Videorekorder aus, und sein Auto steht zum ersten Mal vor Caros Tür.

Wer auf dem Dorf aufgewachsen ist, trägt fast zwangsläufig eine unterschwellige Faszination für Jungs mit eigenem Auto mit sich herum. Ich glaube, man wird sie nie ganz los. Sie wird nur schwächer, wenn man das Alter erreicht, in dem es die normalste Sache der Welt ist, ein Auto zu besitzen. Oder wenn man in eine Stadt zieht, in der Autos in vegetarischen Wohngemeinschaften auf einmal sehr uncool sind. Mit fünfzehn aber ist ein Junge mit Auto für mich der Inbegriff von Freiheit, Abenteuer und Unabhängigkeit. Große weite Erwachsenenwelt. Da ist es auch vollkommen egal, dass es sich nüchtern betrachtet beim fahrbaren Untersatz um einen gebrauchten Seat Ibiza, VW Polo oder Opel Corsa handelt. Ein Auto ist auf dem Dorf wie ein überlebenswichtiges Organ, wenn man nicht an Bushaltestellen frieren oder lange Strecken zu Fuß gehen will. Außerdem ist es unverzichtbar in der sozialen Hierarchie. Mit fünfzehn ist meine emanzipatorische Weltsicht noch nicht weit genug, um von einem eigenen Auto mit mir als Fahrerin zu träumen. Außerdem würde das noch drei Jahre dauern. Also wünsche ich mir einen Jungen mit Auto, mit mir als Beifahrerin. Die Mädchen, die in den Autos vorne sitzen, haben es geschafft. Ich saß bisher nur einmal neben einem Jungen auf dem Vordersitz und meine Hoffnungen zerschlugen sich jäh, als ich in der Beifahrertür Haarbürste, Liebesroman und Labello fand. Dieser Platz war besetzt.

Bei Caro und und ihrem Freund Sebastian sitze ich wieder auf der Rückbank. Aber das ist in Ordnung, denn vor mir liegt die Fahrt in eine neue Welt. Die nahe gelegene Großraumdisko. Sebastian sagt »Hallo« und ist auch sonst nett zu mir, vermutlich weil er noch nicht ahnt, dass ich ziemlich lange auf seiner Rückbank Platz nehmen werde. Meine Eltern führen das »Pass auf, zu wem du ins Auto steigst«-Gespräch mit mir erst deutlich später, und so steige ich ein, den Bauch voller gespannter Neugier. Meine Eltern müssen sich keine Sorgen machen. Sebastian trinkt nie mehr als ein Bier und fährt sicherer, als ich es heute tue. Er ist das, was Caros Mutter einmal einen »guten Fang« nennt, und auch wenn ich die Bemerkung damals lächerlich finde (Welcher Elternteil kann schon die Qualität eines festen Freundes bewerten?), hatte sie wohl recht damit. Sebastian lässt uns nie auf dem Parkplatz stehen. Auch nicht, wenn wir sehr betrunken sind, und auch nicht das eine Mal, als Caro fremd knutscht. Er fährt uns geduldig zur Disko und wieder nach Hause. Obwohl ihm klar ist, dass Caro die Nacht mit mir und nicht mit ihm verbringt, wenn wir beide am Samstagabend wartend vor der Tür stehen. Ich frage Caro nie, aber vielleicht war ich auch ihre Versicherung, nicht über den leeren Platz in ihrem Doppelbett nachdenken zu müssen.

Als wir am ersten Abend auf dem Diskoparkplatz stehen, macht sich Sebastian Sorgen, dass ich noch jünger aussehe, als ich es bin. Caro wischt die Bedenken weg und manövriert mich verlässlich durch den Eingangsbereich, indem sie die Aufmerksamkeit auf sich lenkt. Da Caro locker die zwei Jahre älter aussieht, die ich vermissen lasse, gleicht sich alles wieder aus. Die Disko ist keine wirkliche Großraumdisko, sondern eher eine überdimensionierte zweistöckige Baracke. Sie hatte in den letzten Jahren immer wieder ein paar Monate geschlossen. Dann kommt der nächste Besitzer und denkt sich einen noch wohlklingenderen Namen als den vorherigen für die Neueröffnung aus. So geht es dann am Freitag wieder los, mit 80er-Jahre-Party oder Clubzone-Ladies-Night, auf jeden Fall aber mit Bacardi-Cola für eine Mark. Irgendwann will sich niemand mehr merken, ob man ins No Limits, Nightstar oder Xtreme geht, und so nennen alle die Disko nur »das Zelt«, weil auf ihr ein buntes Schild mit den wechselnden Namen wie bei einem Zirkus prangt.

Am ersten Abend zieht mich Caro in diese Welt, die aufregend nach Nikotin und Cola-Mischgetränken riecht, und lässt meine Hand von da an nicht mehr los. Wir halten uns an den Händen, wenn wir Getränke bestellen. Wir halten uns an den Händen, wenn wir tanzen. Wir lassen die Tür angelehnt, wenn wir aufs Klo gehen. Wie aufgedrehte Schmetterlinge flattern wir umher und manchmal auch irgendwo dagegen. Zwischendurch macht Caro immer mal wieder Station bei Sebastian, der mit seinem sehr erwachsenen neunzehnjährigen Ich an der Seite steht und sich gegen den stampfenden Bass mit einem Kumpel unterhält. Caro und ich schreien uns ins Ohr, wie großartig alles ist. An diesen Samstagabenden im Zelt fange ich an, Caros Flirttechnik zu kopieren, ihre Coolness und ihre Leichtigkeit im Umgang mit Jungs. Ich bitte meine Mutter, mir Vanilla Kisses zu kaufen, sodass wir bald beide eine süßliche Deowolke hinter uns herziehen. Ich werfe die Haare zurück, wie Caro es macht, und fange an, mit Zunge zu küssen, als sie mich auslacht wegen meiner Schmatzer. Der Beifahrersitz ist trotzdem nicht für mich drin, aber Caro fragt manchmal nach Festnetztelefonnummern, die sie mir auf den Arm schreibt und die am nächsten Morgen so verwischt sind, dass man sie nicht anrufen kann, selbst wenn man sich trauen würde. Wir verschwenden die Nacht, wie man es nur tut, wenn man fünfzehn ist und alles so neu und aufregend und richtig scheint wie nie mehr danach. Irgendwann beginnt der Morgen immer mit »Time of my Life«, und immer liegen Caro und ich uns mitsingend in den Armen. Auf dem Nachhauseweg müssen wir ab und zu halten, weil uns schlecht ist, und einmal auch, weil

Caro ein Baustellenschild mitnehmen will. Es steht von da an wie eine Trophäe neben ihrem Doppelbett. Wenn wir gemeinsam darin liegen, dreht sich alles ein bisschen, und wenn es wieder geht, machen wir uns Spiegeleier.

Ein halbes Jahr vor dem Abitur sagt Caro zu mir, dass ich wieder einmal in meinem eigenen Bett schlafen solle, und wir sehen uns nicht mehr selbstverständlich am Wochenende. Ich bin ihr nicht böse. Wir beide erleben gerade dasselbe. Wir frieren zum ersten Mal, wenn wir mit von der Schaumparty nassen Beine auf dem Parkplatz stehen. Wir fangen an, das Geschehen im Zelt zu beobachten. Beobachten ist noch heute eine meiner liebsten Beschäftigungen. Ich mag volle Buswartehäuschen, ich sitze gern in Cafés und schaue mich um. Ich mag Autofahrten und Ampeln. Jedes vorbeifahrende Auto, so stelle ich es mir vor, erlaubt den Blick auf eine Geschichte, vielleicht auf einen Mann und eine Frau, möglicherweise ein Pärchen, vielleicht Freunde oder Geschwister, man sieht ein winkendes Kind, einen traurig wirkenden alten Mann. Im Zelt aber heißt das Innehalten, das Beobachten: erstmals am Rand zu stehen. Irgendwann haben Caro und ich uns nicht mehr vorbehaltlos einsaugen lassen, wenn wir durch die Eingangstür kamen. Ohne es zu wollen, haben wir so die Faszination gebrochen.

Wir bleiben trotzdem Freudinnen, und ab und zu versuchen wir noch, die Zeit im Zelt wiederzubeleben, bewusst oder unbewusst, ich weiß es nicht mehr. Das herannahende Millennium erlebe ich auf jeden Fall, während ich Caros Haare über einer Kloschüssel zurückhalte. Caro und ich, wir mögen uns immer noch, aber wir ersetzen die Diskoabende nicht durch etwas Neues. So entstehen langsam kleine Lücken in unseren Leben, Erlebnisse und Ereignisse, von denen die andere nichts weiß. Als der Chor bei der Übergabe der Abiturzeugnisse »It's My Life« von Bon Jovi singt, umarmen wir uns. Ich verspreche an diesem Abend vielen, mit ihnen in Kontakt zu bleiben. Caro ist die Einzige, bei der ich es über zwanzig Jahre lang bis heute gehalten habe. Wir telefonieren mehrmals im Jahr, wir gratulieren zu den Geburtstagen unserer Kinder und schicken uns Urlaubsfotos oder Buchempfehlungen aufs Handy. Und das, obwohl ich damals mit Nora viel mehr über Bücher geredet habe und mit Caro immer nur über Boygroups und Petting. Aber es ist wohl nicht fair, Nora mit Caro zu vergleichen. Vielleicht gibt es diese sorglose Euphorie der ersten Freundschaft nur einmal in genau dieser Art.

Was ich an Caro schätze, hat eine andere Qualität. Sie kann andere mitreißen, heute wie damals. Wir können uns monatelang nicht beieinander melden und trotzdem dort anknüpfen, wo wir aufgehört haben. Caro ist wie der Sommer. Ich mag den Sommer sehr. Ich liebe die Wärme, das Leben draußen und die Unbeschwertheit. Trotzdem freue ich mich jedes Jahr, wenn es September wird. Ich könnte nirgendwo leben, wo das ganze Jahr über Sommer ist. Ich verabschiede mich jedes Jahr aufs Neue ohne Wehmut vom Sommer, obwohl ich eine wunderbare Zeit mit ihm hatte. Der Abschied fällt mir leicht. Auch weil ich weiß, dass er immer wieder zurückkommt. Wenn ich zurückdenke, hat sich Caros und meine Teenagerfreundschaft ausgeschlichen, ohne dass wir einander jemals grollten. Was für eine Leistung, wo Frauen doch nachgesagt wird, gerade als Teenager besonders nachtragend zu sein.

Freundschaften können kompliziert sein, seltsame Anfänge, turbulente Höhepunkte und schmerzliche Enden. Und manchmal erscheinen sie doch ganz einfach, auch in ihrer Veränderung. Ihre Wandelbarkeit ist dann Teil ihrer Schönheit. Vielleicht waren Caro und ich, obwohl ich mit uns meine erste aufregende Jugendphase verbinde, erwachsener, als ich bisher dachte. Vielleicht war das Erwachsenste, was wir taten, bereits mit achtzehn zu erkennen, dass man sich verbunden fühlen kann, ohne jede Woche im gleichen Bett zu schlafen.

Die mit der Frage aller Fragen

Eine Zeit lang empfinde ich es als Makel, nicht mit Jungen befreundet zu sein. Die coolen Mädchen sind mit Jungen befreundet. Sie erzählen, dass sie schon als Kind Latzhosen und wilde Haare trugen und mit Stöcken in den Wald gingen. Jetzt sind sie sehr schön und sehr lustig und wahnsinnig unkompliziert. Das sagen die Jungen über sie. Die coolen Mädchen sagen, dass sie mit anderen Mädchen nicht viel anfangen können. Mit Jungen ist alles viel einfacher, geradeheraus und immer lustig. Diese coolen Mädchen hören Musik, die für mich nicht wie Musik klingt, mögen Jungensportarten, lachen über dreckige Witze und können sehr viel Pommes und Burger essen, ohne zuzunehmen. Sie trinken Bier, und es scheint ihnen zu schmecken. Ich will so sein wie sie.

Bald finde ich heraus: Es ist gar nicht schwer, sich mit Jungen anzufreunden und auch ein cooles Mädchen zu sein. Schnell nenne ich ein paar Jungen meine Freunde, und vielleicht sind sie das sogar. Nur, im Vergleich zu meinen Freundschaften mit Mädchen sind es einfach gestrickte Beziehungen, die wir führen. Die Jungen mögen mich, und ich mag sie. Eigentlich sind sie aber austauschbar, solange es Jungen sind. Vielleicht, weil ich ihnen keine Chance gebe, mehr als ein

Junge zu sein, nur irgendeiner, mit dem ich befreundet bin. Weil es eben per se cool ist, Jungen als Freunde zu haben. Weil es bedeutet, dass man kein typisches Mädchen ist, keines, das Herzchen malt und kreischt und Make-up toll findet. Man ist etwas Besonderes. Und wer möchte als Teenager nicht besonders sein?

Als cooles Mädchen habe ich ein bestimmtes Bild von mir. Es ist eine Rolle, die ich anprobiere. Ich bin locker und unbeschwert. Nie zu ernst, nie schlecht drauf, nie sind meine Gefühle kompliziert zu lesen, nie wird es mit mir schwierig oder emotional. Ich bin gechillt, nicht zu aufgedreht, zu glücklich, zu sensibel, zu wütend, zu was auch immer. Dadurch bin ich nie: ich selbst. Wenn ich mit Jungen zusammen bin, trägt die Freude über die eigene Besonderheit nicht lang. Ich sehne mich nach meinen Freundinnen, nach Quatschen und Unbeschwertheit. Die Freundschaften mit Jungen geben mir nichts. Es gibt keine Vertrautheit. Ich bin daran selbst schuld. Weil ich beschlossen habe, dass meine coole Persönlichkeit sich nicht zu viele Gedanken um die Welt macht, kreisen unsere Gespräche selten um meine Themen.

Irgendwann bin ich sehr, sehr müde. Meine Coolness ist zur Strapaze geworden. Es ist anstrengend, immer entspannt zu sein. Als wäre die Cooles-Mädchen-Phase eine Milchpackung mit Verfallsdatum, fängt sie irgendwann an, säuerlich zu riechen.

Mit den Jungen habe ich mich in eine Sackgasse manövriert. Zum coolen Mädchen gehört, dass ich nicht nerve oder zicke. Es braucht eine Weile, bis ich erkenne, dass das nicht zu einer Freundschaft passen kann. Selbst in den besten Beziehungen reizt, ärgert und irritiert man sich. Man richtet sich ein in den Widersprüchen und der Vielschichtigkeit und erkennt manchmal sogar die Besonderheit darin. Das macht Freundschaften aus. Selbst im größten Streit das Gegenüber anzusehen und zu wissen, dass diese Zicke oder dieser Idiot trotz allem jedes Entgegenkommen wert ist. Das macht Beziehungen für mich wertvoll. Ich aber will in meinen Jungenfreundschaften nur gefallen. Vielleicht auch, weil mir die Vorstellung von Mann und Frau im Kopf herumschwirrt. Diese Vorstellung von Liebe und Freundschaft, die einfach nicht zusammengehen und schon gar nicht zwischen diesen beiden.

Es ist die Frage aller Fragen: Können Mädchen und Jungen, können Frauen und Männer nur miteinander befreundet sein? Eine Frage, die zehn Staffeln *Friends*, unzählige romantische Komödien und Vorabendserien eindeutig beantwortet haben. Nein. Denn irgendwann passiert es. Irgendwann schwört man sich am Flughafen unweigerlich nur Minuten vor dem Abflug ewige Treue oder küsst sich im Regen. Es ist unvermeidlich. Es kommt immer die Liebe dazwischen, und wenn es nicht die Liebe ist, dann ist es der Sex. Am Ende von *Friends*, der Serie über Freundschaft, werden aus sechs Freunden und

Freudinnen zwei Paare, und Harry und Sally kriegen sich auch. Ich weiß, dass das Leben keine romantische Komödie ist. Sonst könnten wir uns alle neunzig Minuten auf ein Happy End verlassen. Wir sehen natürlich jeden Tag, dass plantonische Freundschaften nicht nur möglich, sondern sogar ziemlich normal sind. Männer und Frauen leben Seite an Seite, und im Allgemeinen sind sie ganz gut darin, nicht ständig übereinander herzufallen. Trotzdem haben wir diese Idee im Kopf. Diese Ahnung, dass das alles womöglich nur eine mühsam aufrechterhaltene Fassade ist. Eine ausgeklügelte Taktik, um die ungezählten Spannungen zwischen den Geschlechtern daran zu hindern, an die Oberfläche zu kommen. So wie in den romantischen Komödien. Dort sind platonische Freundschaften auch immer nur verkappte Romanzen und verpasste Chancen. Sind sie vielleicht die Wurzel meines Jungen-Freundschafts-Problems? Immerhin bin ich in einer Zeit erwachsen geworden, in der sie die Kinos überschwemmten.

Unter Umständen liegt es aber auch daran, dass meine erste zarte Anbahnung einer Freundschaft mit einem Jungen in der Grundschule mit einem Kuss endete. Einem Kuss, den ich nicht einmal wollte. Und von dem der Junge nachher erzählte, er habe sich angefühlt, als wäre er mit dem Gesicht in einen Schrubber gefallen. Bei der Freundschaft mit Jungen kommt irgendwann das Küssen dazwischen, und dann folgt die Enttäuschung. So hatte ich es erlebt.

Vielleicht ist das Problem aber auch, dass wir Freundschaft und Liebe immer als Gegensatz denken. Auch ich tue mich im ersten Moment schwer damit, etwas Liebe zu nennen, das nicht auf Blutsverwandtschaft oder körperlicher Anziehung fußt. Ich kenne romantische Beziehungen, die wie Freundschaften funktionieren. Ich erlebe Familien, weiß von Eltern-, Mutter- und Geschwisterliebe. Liebe ist so vielfältig. Sie begleitet uns das ganze Leben über, jeden Tag und in vielen Formen. Vielleicht liegt hier die eigentliche Antwort auf die Frage aller Fragen. Es geht gar nicht nur um Männer und Frauen, es geht um Liebe, die uns überall begegnen kann. Liebespaare können Freunde sein und Freundschaften voller Liebe. Ohne dass man sich irgendwann im Regen küssen muss. Meine Freundschaften sind große Lieben. Und in ihren besten Momenten sind sie dabei sogar besser als das Original.

Freundschaftswissen:
Frauenfreundschaften

Fast siebzig Jahre lang beschäftigte sich die Stressforschung mit der menschlichen Reaktion auf belastende Situationen und identifizierte immer wieder den Kampf-oder-Flucht-Reflex (im Englischen: Fight-or-Flight). Er beschreibt die möglichen Reaktionen unseres Körpers und unserer Psyche in einer Gefahrensituation: Wir kämpfen oder wir flüchten. Lange Zeit wurde angenommen, dass sich die Studienergebnisse an Männern auf Frauen übertragen ließen, bis man die Reaktion von Frauen genauer untersuchte. Sie zeigten nicht nur einen viel schwächer ausgeprägten Kampf-oder-Flucht-Reflex, sondern zusätzlich ein ganz anderes Verhalten. Die Wissenschaftler nannten es die Hüten-und-Anfreunden-Reaktion (im Englischen Tend-and-befriend). In Gefahrensituationen versuchen Frauen eher, sich neuen Gruppen anzuschließen, indem sie Freundschaften knüpfen. Vielleicht, so überlegten andere Forscher weiter, freunden sich Frauen deshalb eher mit Frauen als mit Männern an.

Was ich
mit *zwanzig*
über
Freundschaft
denke

Nach der Schule entwickeln sich Leben in einem
unterschiedlichen Tempo.

*Manche Freundinnen sind unzuverlässig,
aber sind es trotzdem wert. Andere sind es nicht.
Man muss sich melden, um es herauszufinden.*

Freundschaften auf Distanz sind wie Kakteen.
Sie brauchen nicht viel, aber immer wieder etwas
Zuwendung.

Menschen, die uns seit Jahren kennen,
scheinen nicht mehr zu wissen, wer wir sind.

*Menschen, mit denen wir gerade erst
ein Glas Wein getrunken haben, scheinen
uns lesen zu können wie ein Buch.*

**Freundinnen werden heiraten und Kinder
bekommen, bevor man selbst es geschafft hat,
immer eine Not-H-Milch zu Hause zu haben.**

Um gute Freundinnen zu haben,
muss man selbst eine sein.

Die Geschichte mit Anne und dem Holztisch

Kurz nach der Jahrtausendwende verlasse ich das Dorf, um zu studieren. Ich vertraue auf eine Studienberatung, die mir versichert, dass mein Abidurchschnitt locker für den Studienplatz in Berlin reicht. Es kommt anders. In diesem Jahr entscheiden sich sämtliche Einser-Abiturientinnen Deutschlands für meinen Studiengang. Für mich gibt es statt eines Studienplatzes ein Ablehnungsschreiben. So telefoniere ich im Hochsommer panisch alle Universitäten ab, um eine zu finden, an der ich ohne Zulassungsbeschränkung etwas studieren kann, das mich interessiert.

Mein nicht ganz minutiös durchgeplanter Start ins Erwachsenenleben führt mich nach Magdeburg. Damit hat mir das Schicksal einen seiner größten Gefallen getan. Nicht nur, weil sich die Universität und die Stadt als wunderbar herausstellen, sondern auch, weil ich dort Anne kennenlerne.

Unsere Geschichte beginnt wie der Start vieler guter Geschichten. Wir werden einander auf einer Party vorgestellt. Anne und ich sind zwei Erstsemester in gespannter Erwartung, zwei Buchliebhaberinnen, die schnell bemerken, dass sie auch andere wichtige Fragen des Lebens gleich beantworten. Tee oder Kaffee? Pro- und Kontra-Liste oder Münze? Lakritze oder Schokolade? *Gilmore Girls* oder *O.C. California*?

So rutschen wir sofort in eine Unterhaltung und lassen uns den Rest des Abends zwischen Tanzfläche, Toilette und Bar treiben. Als es dämmert, laufen wir zur Bushaltestelle und fahren zu unserer Überraschung in die gleiche Richtung. Wir wohnen in benachbarten Wohnheimen.

Ich habe schon immer eine Schwäche für Menschen, mit denen ich sofort reden kann, ohne dass man sich unwohl fühlt, ohne dass man überlegt, wie viel man preisgibt. Mit Anne gibt es von Anfang an keine peinlichen Pausen. Da sind nur Worte, die zwischen uns hin und her fließen. Wir wissen schnell, wie es der anderen geht, wenn wir uns ansehen. Wir lieben das Miteinander, aber wir nehmen uns auch zurück, wenn es nötig ist. Wir flippen zusammen aus, wenn wir es brauchen. Wir streiten, ohne dass wir die andere zutiefst verletzen. Zusammen in einer neuen Stadt und einem neuen Leben, wechseln wir schnell vom »sie« und »ich« zum »wir«. Was machen *wir* heute? Was haben *wir* für Pläne am Wochenende? Anne wird meine gesetzte Begleitung für Semesterpartys, Kinoabende und Bibliotheksbesuche, ohne dass uns die Nähe der anderen erdrückt. Als wir nach ein paar Monaten zusammenziehen, können wir Samstage lesend in unseren Zimmern verbringen, ohne die andere durch die eigene Abwesenheit zu enttäuschen.

Für die gemeinsame Wohnung kaufen wir einen Weihnachtsbaum und hängen Osterdekoration auf. Selbst als ich ein Jahr nach England gehe und Anne mein Zimmer untervermietet, nimmt unsere Freundschaft keinen Schaden. Die Eifersucht steigt kurz in mir hoch, als Jule zum ersten Mal durch die Tür kommt. Sie ist viel lebhafter, als Anne und ich es sind. Ich erlebe noch ihren Einzug. Per Aushang hat sie fünf Männer mit Aussicht auf eine Verabredung mit ihr zu unserer Wohnung bestellt. Beim Eintreffen erklärt sie ihnen schnell, dass vor dem *gemeinsamen* Pizzaessen noch der Transporter im Hof ausgeräumt werden muss. Anne und ich stehen mit offenem Mund im Flur, während Jules Bett, Schreibtisch und Kisten, getragen von Fremden, den Weg in ihr neues Zimmer finden. Die Umzugshelfer wider Willen haben zwar mit jedem Gang in den fünften Stock immer irritiertere Gesichter, aber es regt sich kein Widerstand bei ihnen. Mit diesem Umzugshelferbild im Kopf und einem mulmigen Gefühl im Bauch reise ich ein paar Tage später nach England ab. Es ist eine eigenartige Mischung aus Ablehnung und Anziehung, die ich Jule gegenüber empfinde. Kurz fürchte ich, dass Anne sie spannender findet als mich. Aber Jule zieht nach einem Jahr wie verabredet wieder aus. In der Zwischenzeit schreiben Anne und ich uns unzählige E-Mails und telefonieren fast jeden Tag.

Die folgenden Studienjahre machen wir so weiter, wie wir begonnen haben. Auch Männer kommen nicht zwischen uns. Irgendwie sind wir schon auf der Suche, aber am interessantesten an unseren Dates sind doch die Geschichten, die wir einander danach erzählen. Wir gehen nicht wirklich auf die Jagd nach potenziellen Partnern, wir suchen nach Anekdoten, die wir der anderen mit nach Hause bringen können.

»Er kann an keinem Spiegel vorbeigehen.«

»Er küsst wie ein Saugroboter.«

»Er hat auf Fragen nur mit Ja und Nein geantwortet. Wirklich. Jedes Mal. Die ganzen zwei Stunden lang.«

Wenn ich jetzt darüber nachdenke, wundere ich mich, dass überhaupt jemals jemand mit uns ausging. Es war so offensichtlich, dass es nur uns beide gab. Vier Jahre lang sind wir eine Einheit, und dann kommt doch etwas zwischen uns.

Unsere Symbiose kühlt sich an der Unruhe und Unsicherheit unseres Lebens mit Mitte zwanzig ab. Mit dem sich nähernden Studienabschluss gewinnt es unaufhaltsam an Ernst. Wir sehen, wie sich die Ersten von Praktikum zu Praktikum hangeln, obwohl sie bereits ihren Abschluss haben. Wie sie eine Bewerbung nach der anderen schreiben. Wie man sie einfach nicht loslaufen lässt, obwohl sie längst auf dem Startblock stehen.

Auch in der größten Vertrautheit bleibt man sich vielleicht immer ein wenig fremd. Unsere Fremdheit zeigt sich in der Zukunftsunsicherheit, die wir eigentlich miteinander teilen könnten. Aber wir schaffen es nicht, sie zu etwas Gemeinsamen zu machen.

Anne und ich stoßen im Studium nicht auf viele Hürden. Wir lernen und hängen uns rein. Es gibt Momente, in denen wir scheitern, in denen wir eine Prüfung wiederholen oder eine Hausarbeit umschreiben müssen. Das frustriert uns kurz, wir lassen unseren Ärger bei der anderen raus und dann machen wir weiter. Am Ende schaffen wir es immer.

Jetzt steht hinter jeder Absage auf eine Bewerbung, die auch bei uns verlässlich eintrudelt, die Ungewissheit, ob unsere Idee vom Leben hält. Wir korrigieren unsere Gehaltsvorstellungen mit jedem Schreiben weiter nach unten und bringen entwürdigende Bewerbungsgespräche hinter uns. Wir versuchen darüber zu reden, aber irgendwas ist anders. Früher war es selbstverständlich, dass wir uns Ratschläge gaben und gemeinsam Optionen abwogen. Jetzt sitzen wir zu oft über kalter Pasta und sind genervt voneinander. Früher klangen unsere Ratschläge und Ideen für die andere wie Ermunterungen. Jetzt klingen Annes Worte grob in meinen Ohren. Ich habe das Gefühl, sie spricht von oben herab mit mir. Also versuchen wir, das Thema zu vermeiden, das uns beide so beschäftigt. Einmal sagt Anne noch, dass ich sie mehr unterstützen soll, dass ich mich vergrabe. Ich fühle mich angegriffen und kann nicht einmal erklären, warum.

Da sitzen wir, schweigend an unserem Küchentisch, dem einzigen Möbelstück in der Wohnung, das wir gemeinsam gekauft haben. Damals auf dem Flohmarkt haben wir vergessen, darüber nachzudenken, wie wir ihn überhaupt nach Hause bekommen. Am Ende hat Anne einen völlig Fremden überredet, uns den Tisch in die Wohnung zu fahren. Ein bisschen wie Umzugs-Jule, die mir so fremd vorkam, denke ich in einem Moment des Streits am Tisch. Nach all den Jahren, in denen Anne und ich unsere Verbindung bestaunt haben, in denen wir uns jeden Tag versicherten, dass niemand die andere besser verstand als man selbst, kommen mir Zweifel.

Wenn wir uns über Kleinigkeiten streiten, versichern wir uns danach, dass es gut war, dass wir uns ausgesprochen haben. Dass es wichtig ist, reinen Tisch zu machen. Doch am Holz unseres gemeinsamen Besitzes kleben die Soßenreste, wenn eine von uns wieder einmal aufsteht, ohne aufzuessen, und ihre Hand beim Abräumen zittert.

Ich glaube, wir wollen einander nicht enttäuschen. Unser Plan ist es, nach dem Abschluss gemeinsam weiterzumachen. In der gleichen Stadt, am liebsten Berlin, wie zur Studienzeit, nur mit richtigem Erwachsenenleben, mit einer gemeinsamen Wohnung, für die wir noch viel mehr als nur einen Tisch kaufen. Jetzt rückt diese Vorstellung mit jedem neuen Tag weiter von uns weg. Uns lähmt, dass die eine es schaffen könnte und die andere zurückbleibt. Ist es die Angst vor dem Neid, der sich Bahn brechen könnte? Wollen wir keine Schwäche zeigen, weil wir stark sein möchten, für uns selbst und für die andere? Ich kann bis heute nicht richtig benennen, was es war. Dabei sind es nur ein paar Monate der Unsicherheit, durch die wir gehen. Mehr noch, am Ende steht sogar fast das, was wir gehofft haben. Anne bekommt ein Volontariat und ich eine Stelle in Berlin. Wir können loslegen, weitermachen oder besser anfangen mit dem, was wir uns für uns gewünscht haben.

Wir trinken beide immer noch lieber Tee als Kaffee, mögen Hunde mehr als Katzen, bevorzugen Listen und Lakritz. Noch ist die letzte Staffel von *Gilmore Girls* nicht gelaufen. Wir sind immer noch Freundinnen, wir können weiter miteinander lachen, wir freuen uns, als die Zusage für die jeweils andere eintrifft.

Und doch fragt Anne eines Morgens, ob wir uns nicht vielleicht doch getrennte Wohngemeinschaften suchen sollten. Schließlich ist ihr Volontariat in Pankow und meine Stelle noch unterhalb des Kurfürstendamms. Und unsere beiden Gehälter sind viel niedriger als erwartet. Ich merke, dass sie sich für ihren Vorschlag schuldig fühlt. Fast rücken wir dadurch wieder enger zusammen. Wir machen Pläne für die nahende gemeinsame Zeit, kaufen Theater- und Museumskarten vor, recherchieren Buchläden, wälzen Stadtmagazine und planen die ersten Wochen. Für einen kurzen Moment scheint das Vorher erreichbar, scheinen die letzten Monate nur wie eine vorübergehende Krise.

Dann küsse ich diesen Mann, ohne es Anne zu sagen. Es passiert einfach so. Anne steht im Flur, als ich zur Tür hereinkomme, und ich erzähle es ihr nicht. Ich habe auf dem Nachhauseweg zum ersten Mal nicht überlegt, wie ich diesen Mann und diesen Kuss für uns beide in eine möglichst amüsante Geschichte verpacken kann. Ich will diesen Abend nicht zu einer weiteren unserer Anekdoten machen. Ich will ihn für mich. Meine Gedanken erschrecken mich, denn dieser Kuss bedeutet mir nicht einmal etwas. Ich weiche vor mir selbst zurück, weil es sich trotzdem gut anfühlt, nicht davon zu erzählen. Ich schäme mich und bin gleichzeitig erleichtert, dass ich mir beim nächsten Kuss keine Gedanken mehr machen muss, ob ich ihn erzähle oder nicht. Denn Anne würde bald nicht mehr im Flur stehen, wenn ich nach Hause komme.

Freundschaftswissen: Gleiche Gene

Nach allem, was die Forschung weiß, ist für die Entstehung von Freundschaften der Zufall ein wichtiger Faktor. Trotzdem ähnelt sich laut einer Studie der Wissenschaftler James Fowler und Nicholas Christakis das Erbgut von besten Freundinnen so sehr, als wären sie Cousinen vierten Grades. Gleich und gleich gesellt sich gern.

Die mit dem weingetränkten Teppich

Wenn ich mir alte Fotos ansehe, bin ich mir manchmal nicht sicher, wo meine tatsächlichen Erinnerungen enden, und die Bilder, die ich schon so oft gesehen habe, beginnen. Von meinem Englandjahr habe ich zwei Bilder im Kopf. Sie sind in ein Album eingeklebt, das ich in den zwölf Monaten in England füllen wollte. Bis auf fünf Seiten ist es leer geblieben. Auf ihnen kleben ein paar Eintrittskarten, Kassenzettel und ein Busticket. Und eben diese beiden Fotos. Für ziemlich viel Geld habe ich sie noch kurz vor dem Ende meines Auslandsjahres in einem 24-Stunden-Fotoladen entwickeln lassen. Erst Tage vor der Abreise hatte ich das Gefühl, doch etwas festhalten zu müssen, bevor ich zurückfahre.

Ich bin niemand, der viel fotografiert. Auch heute habe ich nur selten das Gefühl, jeden Augenblick konservieren zu müssen, obwohl es mit dem Smartphone so viel einfacher ist.

Auf den beiden Bildern von damals sind fünf Mädchen zu sehen. Ich bin eine von ihnen. Auf dem ersten Foto stehen wir in der Küche unserer Wohngemeinschaft. Wir sehen so jung aus. Unsere Gesichter leuchten, die Haare sind lang und ungekämmt. Sie hängen über unseren Schultern oder sind auf dem Kopf zusammengedreht. Wir tragen die gleiche Uniform aus weiten Jeans und geripptem Top, darüber ein übergroßes kariertes Flanellhemd. Ich lächele, als ich das Foto betrachte. Es fühlt sich an, als wäre all das erst gestern und gleichzeitig in einem anderen Leben passiert. Diese Zeit, dieses Gefühl, dass die Zukunft dort irgendwo vor uns liegt, flirrend und verheißungsvoll. Wir malen sie uns manchmal aus. Aber meistens beschäftigen wir uns mehr mit den Einzelheiten der gegenwärtigen Tage als mit dem, was noch kommen könnte.

Auf dem zweiten Foto sind wir schwerer zu erkennen. Man würde es heute ein Selfie nennen. Beim Tanzen kurz die Hand nach oben gestreckt in dem Versuch, fünf verschwitzte Gesichter mit roten Wangen auf ein Foto zu bekommen. Im Hintergrund sehe ich die Neonlichter, über dem Bild liegt ein Schleier, Kunstnebel vielleicht oder Zigarettenrauch.

Kurz nachdem ich mit Anne in die gemeinsame Wohnung ziehe, laufe ich an einem Aushang des Akademischen Auslandsamts vorbei. Gerade erst wurde eine Partnerschaft mit einer englischen Universität ins Leben gerufen, mehrere Austauschplätze sind noch frei, und wegen der Kürze der Bewerbungsfrist können sich dieses Mal auch Studentinnen im Grundstudium bewerben. Am 11. September 2001 steige ich am frühen Morgen in einen Fernbus. Ich habe einen Koffer dabei, der mir fast bis zur Brust reicht und den ich nur bewegen kann, wenn mir jemand hilft, ihn leicht zu kippen, sodass er zu rollen beginnt. 23 Stunden Fahrt quer durch vier Länder liegen vor mir. Nach ein paar Stunden beginnt sich Unruhe im Bus breitzumachen. Ich sitze ganz hinten und verstehe nicht, worum es geht. Der Bus hält in mehreren deutschen Städten mit britischen Militärstützpunkten. Bald ist jeder Platz gefüllt. Die Anspannung der Fahrgäste wird größer. Irgendwo hinter der belgischen Grenze dreht der Busfahrer das Radio so laut auf, dass es durch den ganzen Bus schallt. Die Menschen um mich herum reden Englisch, der Mensch im Radio auch. Ich verstehe nicht viel. Irgendetwas ist mit einem Flugzeug passiert. Ich bin neunzehn, müde und aufgeregt zugleich, mein Po schmerzt, und ich bin ein wenig genervt, weil das Radio bis in die Nacht durch den Bus dröhnt. Mein Handy liegt in Deutschland. In England könnte ich es sowieso nicht benutzen, viel zu teuer. Erst als wir am nächsten Morgen den Londoner Busbahnhof erreichen und ich die Bilder in den Zeitungen sehe, verstehe ich. In den zehn Minuten Aufenthalt laufen alle zuerst zum Kiosk und dann zur Toilette. Weitere fünf Stunden später komme ich an meinem Zielort an und gebe zu Hause Bescheid. Erst in diesem Moment wird mir klar, welche Ängste Anne und meine Familie ausgestanden haben.

Die ersten beiden Tage wohne ich bei einer netten alten Dame, die in ihrem Haus Pensionszimmer vermietet. Auf ihrem Sofa liegen selbst gehäkelte Decken, die Queen hängt im Flur, und sie macht mir einen Earl Grey zur Begrüßung. Das muss dieses England sein. Ein paar Tage später sind alle Austauschstudentinnen im International Office eingeladen. In einer Auswahlzeremonie wie beim Bachelor stehen auf der einen Seite die englischen Studentinnen und auf der anderen wir. Es gibt keine Rosen zu vergeben, dafür aber freie Zimmer mit freien Betten. Mit einem Gong beginnt das Kennenlernen. Ich bin überfordert von der Szenerie, aber ich habe Glück. Bereits vor der Tür habe ich Lene kennengelernt. Sie ist ein paar Jahre älter als ich, hat bereits ein Studium in Norwegen hinter sich und studiert nun in Frankreich. Die französische Uni hat sie zusammen mit Celine, die noch schlechter Englisch spricht als ich, ins Ausland geschickt. Lene merkt schnell, dass es Eigeninitiative braucht, um an passablen Wohnraum zu kommen. Sie stürzt sich auf die gegenüberliegende Seite, notiert die Preise und Konditionen und ignoriert gekonnt mein heftiges Schlucken angesichts der viel zu hohen Summe, als sie Holly und Lauren zusagt, die noch drei Zimmer frei haben.

Nun gut, denke ich. Dann eben ein Jahr lang nur Nudeln mit Ketchup.

Unser neues Heim ist ein typisches schmales englisches Reihenhaus mit roten Ziegeln. Erker an Erker stehen sie in der kleinen Straße. Unten gibt es ein Wohn- und ein Erkerzimmer sowie die Küche, dann noch mal zwei Zimmer im ersten

Stock und zwei unter dem Dach. Nach hinten haben wir einen kleinen Hof, an den ein winziger Garten anschließt. Das einzige Bad ist im ersten Stock. Ich bekomme das große Erkerzimmer im ersten Stock und bemerke in der ersten Nacht, dass die Fenster schief eingesetzt sind. Durch einen Spalt im Kitt strömt verlässlich kühle Luft nach innen. Wenn es draußen windig ist und ich im Bett den Kopf hebe, fliegen meine Ponyhaare davon. Im kommenden Herbst und Winter trinke ich sehr viel warmen Tee. Wenn ich an meinem Schreibtisch sitze und Aufsätze schreibe, habe ich eine dicke Sofadecke um die Schultern geschlungen und wärme mir die klammen Finger an der Teetasse, damit sie nicht zu kalt zum Tippen werden. So (oder zumindest so ähnlich) muss sich Charles Dickens gefühlt haben.

Unser Haus gehört einem freundlichen Handwerker, der hier einmal mit seiner Familie wohnte. Als er auszog, nahm er alles mit, was noch brauchbar war, und ließ zurück, was man vielleicht trotzdem noch irgendwie benutzen konnte. Wir lernen schnell, dass man bestimmte Türen der Hängeschränke in der Küche besser nicht öffnet, dass das Sofa im Wohnzimmer wohl einmal weiß war und dass ein neuer Boiler nichts bringt, wenn die Heizungsanlage dahinter hundert Jahre alt ist. Zur Überbrückung der Kälte haben wir heißen Tee, und kalte Duschen schmälern den Wasserverbrauch.

Trotzdem liebe ich dieses Haus, weil ich glücklich mit den Menschen in ihm bin. In England erfahre ich, dass Freundschaft mit vielen funktionieren kann, dass drei nicht eine zu viel sind und vier und fünf auch nicht.

Lene ist die Erwachsene von uns, mit der ich die Nächte durchreden kann. Die, die sich einmischt und die mir eine Kerze in die Hand drückt und mich zu Nachtwachen gegen den Afghanistankrieg auf den Campus mitschleift. Lene schmuggelt nach Weihnachten einen riesigen, selbst gefangenen, gefrorenen Lachs in den Flieger und kocht uns ein Festmahl. Bei ihr sehe ich den ersten Möhrenkuchen meines Lebens. Ich bin die Erste, der sie vom Kuss mit William erzählt, dem Mann, mit dem sie heute in Norwegen lebt, drei Kinder und fünfzehn Jahre später. Wenn Lene im Flur mit ihrer Großmutter telefoniert, wird ihre Stimme ganz sanft. Im Englischen klingt sie aufgekratzt und voller Energie. Wenn sie mit Celine auf Französisch redet, hat man immer das Gefühl, die beiden philosophieren sich gerade den Ursprung der Welt zusammen, und auf Norwegisch ist sie ganz weich.

Celine ist unsere mysteriöse Französin. Sie hat einen Nachnamen mit »von und zu«, und ihre Familie scheint bedeutend zu sein. Wenn Celine sich allein an den Esstisch setzt, sitzt sie ganz gerade und rückt Glas und Besteck noch einmal zurecht, bevor sie beginnt, alles in sehr kleine Stücke zu schneiden. Wenn wir gemeinsam essen, passt sie sich unseren hochgezogenen Beinen, den Gesprächen mit vollem Mund und den stochernden Gabeln an. Celine liebt den Film *Reality Bites*, den sie in Laurens Video-sammlung gefunden hat. Sie hängt das Film-poster in ihrem Zimmer auf. Als ich mich einmal zu ihr setze, als sie ihn wieder einmal ansieht, schweigt sie bis zu der Szene, in der die Haupt-figur Lelaina ihrem besten Freund sagt, dass sie gehofft hat, mit 23 etwas zu sein.

»Die Einzige, die du mit 23 sein musst, bist du selbst«, antwortet der Freund. Als ich hinüber-blicke, wischt sich Celine eine Träne aus dem Auge. »Alles in Ordnung?«, frage ich. Sie nickt und lächelt: »Es ist manchmal so einfach bei an-deren, oder?« Lauren wird Celine den Film zum Abschied schenken. Sie packt ihn und das Poster in ihren Koffer, und ich umarme sie fest zum Abschied.

Holly und Lauren, die beiden Engländerin-nen, sind die Coolen in unserer Wohngemein-schaft. Bei der Einweihungsfeier bleibt Holly ganz entspannt, als ein Gast gedankenverloren dem Rest seines Rotweins nachsieht, wie er nach und nach in unseren schweren, dicken Wohnzimmerteppich sickert. Als Lene mit einem Tuch herbeieilt, winkt Holly lachend ab: »Ist doch eine Party!« Lene und ich verstehen in die-sem Moment, warum unser Vermieter nichts im Haus wirklich austauscht oder erneuert, und müssen Holly am nächsten Tag trotzdem recht geben mit ihrer Entspanntheit. Der Rotwein-fleck hat sich tief in das grün-braun-rote Muster des Teppichs gefressen und ist kaum noch zu erkennen.

Holly und Lauren lieben Motto-Partys und sie lieben das Tanzen. Mit um die zwanzig können wir alle noch ohne Angst vor einem zweitägigen Kater feiern. Uns stören keine Lautstärke und kein Neon, kein Zigarettenrauch und keine Kälte, wenn wir vor den Clubs in viel zu kurzen Kleidern anstehen.

»Wirkliche Freunde tanzen mit dir mitten in der Nacht auch ohne Musik auf der Straße!«, ruft Holly einmal, als unser aller Laune in der Schlange zu kippen beginnt. Dann nimmt sie meine Hand und wirbelt mich herum.

Wenn wir auf der Tanzfläche angekommen sind, stellen wir unsere Handtaschen auf den Boden und tanzen um sie herum wie bei einem Indianerritual.

Tanzen ist unser Cardio. Eigentlich ist es egal, wie wir dabei aussehen oder was wir anhaben, obwohl wir uns viele Gedanken darüber machen. Wir planen unsere Outfits ab Mittwoch. Das Ausgehen bekommt in diesem Jahr in England einen definierten Rahmen. Wir verbringen Stunden damit, uns fertig zu machen. Heute ist mir schleierhaft, womit wir die Zeit gefüllt haben. Aufgebrezelt liegen wir dann weitere Stunden vor dem Fernseher herum, bis alle fast einnicken. Leicht angetüdelt von den ersten Cocktails, warten wir auf die verabredete Zeit, um endlich das Haus zu verlassen. In der Schlange vor dem Club überlegen wir, wer von den anderen Gästen heute mit wem knutschen könnte, und testen unsere Theorien später auf

der Tanzfläche. Drinnen tropft das Kondens-
wasser von der Decke, und der Boden klebt.
Manchmal muss sich eine von uns übergeben
oder verliert ihre Garderobenmarke. Dann helfen wir alle auf allen vieren beim Suchen. Auf
dem Nachhauseweg geht es meist wieder mit
der Übelkeit, und die Jacke ist auch immer wieder da. Wir stellen uns vor einem Fast-Food-
Laden erneut in die Schlange und bestellen
»zum Mitnehmen« und immer auch für jede von
uns einen Chupa-Chups-Lolli als Nachtisch. Zu
Hause angekommen, schlafen wir alle irgendwo
ein. Die Erste, die wach wird, macht Käsesandwiches für das ganze Haus, und dann schauen
wir romantische Komödien oder Dokumenta-
tionen über Serienkiller. Wir legen auf dem Sofa
die Köpfe aneinander und hoffen, dass das Wochenende nicht so schnell zu Ende geht.

Ich vermisse diese chaotischen englischen Nächte
voller Spaß und voller Peinlich- und Verantwor-
tungslosigkeiten nicht. Nur manchmal trauere
ich ganz kurz der Schönheit der Maßlosigkeit
nach. Nicht der alkoholgetränkten, sondern der,
die zu einer inneren Einstellung gegenüber den
Dingen wird. Die, die macht, dass das Morgen
einem wirklich kurz egal wird, weil das Jetzt so
schön glitzert. Was ich wirklich vermisse ist das
Tanzen. Heute tanze ich mehr auf Hochzeiten
und Geburtstagen als in Clubs. Dort tanzt man
anders. Ich war nie eine besonders coole oder
elegante Tänzerin. Ich vermisse das Herumwir-

beln der Körperteile, das Abschütteln der Hemmungen und das Herumwerfen der Haare. Das macht man selten auf Hochzeiten in hübschen Kleidern. Ab und zu mache ich heute einfach so die Musik von damals noch einmal an. Ich bekomme mitten am Tag Lust darauf. Dann tanze ich mit meinen Töchtern wild zu den alten Songs. Kinder können sehr gut tanzen wie verrückte Zwanzigjährige, denen alles egal ist. Sie hüpfen um mich herum, wedeln mit ihren Armen, und manchmal merke ich, wie die Große mich kurz aus den Augenwinkeln beobachtet. Dann lacht sie mich an, als hätte sie eine Ahnung von mir ohne sie, vor fünfzehn Jahren.

Lene, Holly, Lauren, Celine und ich haben uns auch nach dem gemeinsamen Jahr nicht aus den Augen verloren. Mit einigen ist der Kontakt enger als mit anderen, aber er ist nie ganz abgerissen. Nur eine von uns fehlt für immer. Mit den Jahren ging es in unseren Telefonaten, Briefen und E-Mails nicht mehr nur darum, wer bald zu Ende studiert oder wo wir den ersten Job bekommen. Wir fingen an zu überlegen, wen wir heiraten würden, ob und wie viele Kinder wir bekommen, wer wir wirklich sein wollen. Jetzt sind wir um die vierzig, und viele dieser Fragen sind beantwortet. Das ist wundervoll und traurig zugleich, weil sich mit den Antworten immer auch Türen schließen. Unsere jetzigen Fragen fühlen sich oft größer an als die, die wir damals in England hatten, und wahrscheinlich sind sie das auch, weil sie von mehr Leben durchtränkt sind. Sie fragen nicht nur nach Möglichkeiten, sondern auch nach unausweichlichen Enden. Wir haben Kinder zwischen drei und fünfzehn, Karrieren und Teilzeitjobs, glückliche und gescheiterte Ehen, Eltern und Freunde, die leben, krank oder bereits von uns gegangen sind.

Wir haben auf unseren Wegen unterschiedliche Entscheidungen getroffen. Und doch bin ich immer wieder verwundert, wie ähnlich wir uns sind. Obwohl das Leben heute gewichtiger scheint als mit zwanzig, fühlen wir uns alle befreiter. Die Zeit jetzt fühlt sich an, als würden wir die Luft, die wir in den letzten Jahren voller Erwartung eingezogen haben, langsam wieder ausatmen können. Es ist immer noch vieles anstrengend, mit kleinen Kindern und Jobs und dem Leben an sich. Aber wir sind dankbar für das, was ist, und kümmern uns weniger um die kleinen Dinge, die uns Sorgen bereitet haben, von den paar winzigen Falten einmal abgesehen. Vielleicht ist das diese Reife, von der alle sprechen. Da ist dieses Gefühl, dass wir bald am obersten Punkt des Riesenrades angekommen sind, wo die Aussicht atemberaubend ist und die Lichter unter uns glitzern. Die ganze erste halbe Runde haben wir auf diesen Moment gewartet. Die Abfahrt wird Überraschungen für uns bereithalten, mindestens wird es im Bauch kribbeln, vielleicht wird uns sogar ein wenig übel, aber wir freuen uns darauf. Besonders, weil wir wissen, dass die Abfahrt schnell gehen kann. Und weil wir wissen, dass eine von uns bereits ausgestiegen ist.

Die mit Jo im Supermarkt

England ist teuer. Auf dem Weg zur Uni sehe ich einen Aushang an einem kleinen Supermarkt. Kurz darauf sitze ich drei Abende die Woche mit Jodie an der Kasse. Die Verkaufsfläche ist nicht viel größer als unser Wohnzimmer in der Wohngemeinschaft. Man brauchte eigentlich keine zwei Verkäuferinnen, aber am Abend kommen viele nur, weil wir eine Sonderlizenz zum Alkoholverkauf haben. Der Besitzer fühlt sich wohler, wenn wir zu zweit sind. Zwischen zehn Uhr morgens und zehn Uhr abends dürfen wir Alkohol verkaufen. Nach zehn Uhr sperren wir die Regale ab und gegen elf machen wir den Laden zu. Ich beginne meine Schicht meistens um sechs am Abend.

Jodie ist zehn Jahre älter als ich, groß, blond und wunderschön. Wer bei ihr einkauft, schaut länger hin. Wir reden lang und viel in diesen Nächten, ich nenne sie bald Jo. Jo hat keinen Reisepass, sie war noch nie außerhalb Großbritanniens. Ich erzähle von Deutschland und der Universität hier in England, sie korrigiert mein Englisch. Was wir uns anvertrauen wird schnell persönlich. Wir sitzen auf unseren Drehstühlen, nippen jede an einer Cola und schauen aus dem hell erleuchteten Laden hinaus in die Dunkelheit der Straße.

»Wie an einer Bar, wenn man gar nicht weiß, wieso man einem Fremden sein Leben erzählt«, überlegt Jo. Eines Abends, wir arbeiten bereits ein halbes Jahr zusammen, drehe ich mich auf dem Stuhl um die eigene Achse und klopfe jedes Mal mit den Fingern auf das Kassenband, wenn ich an ihm vorbeikomme. Mit neunzehn glaube ich schon eine Menge zu wissen.

»Also«, frage ich in die Nacht hinein. »Warum habt ihr euch getrennt?« Ich weiß, dass Jo einen neuen Freund hat und dass sie schon einmal verheiratet war. Die Ehe ist für mich fremdes Terrain. Irgendetwas, das vielleicht in der Zukunft einmal passiert, aber heute nichts mit mir zu tun hat.

Meine Frage ist unbedacht und beiläufig. Sie könnte auch »Hast du gestern *Model Behaviour* auf Channel 4 gesehen?« heißen. Als Jo antwortet, bleiben meine Finger, die gerade zum Klopfen ausholen, in der Luft stehen. »Er hat mich geschlagen.« Sie sagt es so ruhig und nebenbei, als hätte sie die Channel-4-Frage beantwortet. Ich sehe sie an und weiß nicht, wie ich reagieren soll. »Du meinst, er hat dich geschlagen, so richtig, mit Absicht?« Sie sieht mich an und lächelt, vermutlich über meine Naivität. Ich wackle unruhig auf dem Stuhl hin und her und überlege, was ich sagen soll. Jo erzählt weiter.

»Er kam oft spät nach Hause und wollte dann Frühstück haben. Wenn es ihm nicht geschmeckt hat, hat er mich geschlagen. Irgendwann hat er mich verlassen«, erzählt Jo weiter.

Mein Unbehagen steigt. Ich bin wie vor den Kopf gestoßen. Ich habe keine Idee von der Ehe, ich habe nicht einmal eine Idee, wie eine lange Beziehung genau aussieht. Ich habe nur eine ziemlich klare Vorstellung davon, wie es nicht aussehen sollte. So. Jemandem Frühstück zu machen, mitten in der Nacht, und dafür geschlagen zu werden, passt nicht zu meiner Vorstellung.

Die Minuten verstreichen. Längst ist es zu spät für eine Antwort von mir. Auch Jo rutscht mittlerweile unruhig auf ihrem Stuhl hin und her. »Oh Mann, das ist scheiße, Jo«, sage ich trotzdem noch. Mehr bringe ich nicht heraus und fühle mich erbärmlich dabei. Ich hole erneut Luft für einen besseren Satz und bleibe doch stumm. Mich rettet ein Kunde, der den Laden betritt.

Zu diesem Zeitpunkt kenne ich niemanden wie Jo. Zumindest denke ich das. Später werde ich herausfinden, dass ich niemanden kenne, weil kaum jemand darüber redet, wie Jo es tut. Ich weiß nichts. Meine Eltern haben immer versucht, sich nicht vor mir zu streiten. Keiner der Jungen, mit denen ich zusammen war, ist je so laut mir gegenüber geworden, dass es mir bedrohlich schien. Als Jo mir ihre Geschichte erzählt, spricht sie eine andere Sprache, auf so vielen Ebenen.

Heute weiß ich mehr. Ich habe mit den Jahren besser hingeschaut und zugehört. Ich habe eine Ahnung davon, dass es viele komplizierte Gründe gibt, warum man bleibt und warum man geht. Ich denke noch oft an Jo nach meinem Jahr in England. Sie hat mich nie verlassen, obwohl ich sie nur so kurz kannte. Wenn ich an sie denke, denke ich auch an das blaue Auge, mit dem sie ein paar Wochen nach meiner Frage in den Supermarkt kam und zu dem ich ebenfalls nichts gesagt habe. Wir redeten nicht mehr viel nach diesem einen Abend.

Ich wäre Jo gern eine Freundin gewesen, mindestens aber eine bessere Zuhörerin. Stattdessen suche ich mir nach dem blauen Auge einen anderen Nebenverdienst und gehe auf dem Weg zur Universität nicht mehr am Supermarkt vorbei. Es fällt mir schwer, diese Geschichte aufzuschreiben. Ich schäme mich noch immer dafür.

Freundschaftswissen: Wie viele Freunde?

Wie Freundschaften entstehen und wann sie auseinandergehen, scheint individuell ganz unterschiedlich zu sein. Schaut man auf die Statistik eines Lebensverlaufes, gibt es aber typische Einschnitte. Bis zum 25. Lebensjahr, also ungefähr bis zum Ende der Berufsausbildung, vergrößert sich unsere Zahl an Freunden. Dann wird sie mit steigendem Alter immer kleiner, nimmt zum Beispiel mit der Familiengründung deutlich ab. Statistisch gesehen hat man im ganzen Leben nicht mehr als zwei bis fünf beste Freunde und ungefähr zehn gute Freunde. Diese Zahlen berufen sich auf die sogenannte Dunbar-Zahl. Der britische Anthropologe errechnete, dass das menschliche Gehirn nur für 150 soziale Kontakte ausgelegt ist. Wenn neue Beziehungen hinzukommen, fallen in unserem Kopf oft automatisch alte weg. Es ist, als hätten wir nur ein begrenztes Kontingent an Intimität. In den 150 Kontakten verstecken sich unsere zwei bis fünf besten Freunde, zehn gute Freunde (Menschen, mit denen wir gern und aktiv Zeit verbringen), 35 Bekannte (Menschen, mit denen wir uns gern unterhalten, wenn es sich ergibt, ohne es darauf anzulegen; solche, die man zu einer richtig großen Geburtstagsfeier einladen würde) und hundert lose Bekannte (bei denen uns interessiert, was sie tun, wenn ein Status-Update im Internet auftaucht oder uns jemand etwas über eine Hochzeit oder ein neugeborenes Kind erzählt).

Die mit der Blitzhochzeit, die keine war

Früher haben Anne und ich nicht in kompletter Stille auf den Bus gewartet. Früher haben wir geredet und dann immer den langsamen Weg nach Hause genommen. Wir haben bewusst den Bus gewählt, auf den wir länger warten mussten, der länger nach Hause brauchte, nur um unser Gespräch nicht beenden zu müssen. Wenn es je eine Stille zwischen Anne und mir gab, dann war sie beruhigend. An diesem Abend in Berlin verletzt die Stille uns beide. Sie ist voller unausgesprochener Sätze und ungestellter Fragen. Sie ist eigentlich laut, diese Stille. Tief in mir drin schreit sie, weil sie nicht glauben kann, wie aus unserer Freundschaft, wie aus vielen großen Liebesgeschichten eine Geschichte des Verlustes wurde.

An der Bushaltestelle ist es kalt. Ich friere in meiner dünnen Strickjacke. Ich hätte wissen müssen, dass es Ende September bereits kalt wird am Abend. Früher, wenn Anne mich abholte, hat sie mich manchmal an eine Jacke erinnert. Ich überlege, welche unverfängliche Geschichte ich erzählen könnte, um die Stille nach der Nachricht zu füllen. Aber keine Geschichte würde helfen, weil jede Belanglosigkeit nur noch deutlicher macht, worüber wir nicht reden.

Zwei Wochen sind vergangen, seit Anne weinend auf dem Badezimmerboden saß und ich sie tröstete. In der Zwischenzeit ist viel passiert, und nichts wurde gesagt. Anne hat nichts gesagt. Jetzt dreht sie sich zu mir und lächelt. Dabei zuckt ihr kurz der Mundwinkel.

»Freust du dich gar nicht?«, fragt sie. Ich schaue sie an und überlege, wann wir angefangen haben, umeinander herumzutanzen.

»Tust du es denn?«, will ich zurückfragen. Stattdessen sage ich: »Natürlich, riesig.« Ich sage es ein wenig zu spät und ein wenig zu laut. Zu wenig überzeugt, weil ich im gleichen Moment bereue, dass ich sie anlüge. Sie weiß es. Ich lese immer wieder den Werbespruch an der Litfaßsäule gegenüber. Anne scharrt mit dem Fuß auf dem Boden und schaut jede Sekunde zur Haltestellenanzeige.

»Er kommt gleich.« Sie meint den Bus. Eins, zwei, drei. Die nächsten Minuten sind endlos.

»Danke für den schönen Abend«, sagt Anne noch kurz bevor sie einsteigt. Ich lächele, nicke und umarme sie ein wenig zu fest zum Abschied. Sie weiß genau, dass das meine Art ist, die Anspannung zu überspielen. Sie kennt mich gut. Wir wissen es beide. Es ist so weit. Wir können es nicht mehr überspielen.

Knapp ein Jahr sind Anne und ich zu diesem Zeitpunkt schon in Berlin. Wie wir es besprochen haben, wohnen wir in verschiedenen Wohnungen und in verschiedenen Stadtteilen. Zunächst telefonieren wir oft und sehen uns am

Wochenende. Dann treffen wir uns jeden Mittwochabend zum Essen. Wir leben unsere Leben immer mehr getrennt voneinander und treffen uns jede Woche, um uns zu erzählen, wie sich dieses Leben anfühlt. Das ist er, der Punkt, an dem meine innigste und längste Freundschaft dem Tiefpunkt entgegensteuert. Der Punkt, an dem sie zu verschwinden droht. Wegen all der Dinge, die man nicht mit einem routinierten Abendessen klären kann. Für die man das braucht, was wir zu wenig haben: wirklich Zeit füreinander, einfach mal wieder einen guten Abend.

In den ersten Berliner Monaten wird Anne von der zurückgezogenen Buchliebhaberin zum Partymittelpunkt. Sie geht aus und trinkt, um dann am nächsten Tag Pilates zu machen und Kombuchatee aufzugießen. Eigentlich mag ich beide Versionen von Anne, die alte und die neue. Aber ich kann auch meinen Neid nicht verbergen. Anne scheint dieses Jungsein in der Hauptstadt viel besser zu können als ich. Zum Feiern und zum Pilates nimmt sie bald auch neue Bekannte mit. Dann lernt Anne Benjamin kennen. Nach ein paar Wochen zieht er bei ihr ein; in ihrer Wohngemeinschaft ist ein Zimmer frei geworden. Mit einem Mal geht sie kaum noch aus. Ich versuche, ihre Beziehung genauso toll zu finden wie sie. Anne erzählt, wie liebevoll Benjamin ist. Sie halten sogar zu Hause Händchen. Er macht sich Sorgen, wenn sie zu lange arbeitet. Wenn sie spät nach Hause kommt, holt er sie von der Bushaltestelle ab. Nie isst er zu Abend, bis sie da ist. Weil er nur mit ihr gemeinsam essen will, auch wenn es bedeutet, zu warten. Ich sollte mich für sie freuen.

»Das ist es, Corinne«, erklärt mir Anne ein paar Wochen später. »Man kann schließlich nicht ständig auf eine noch tollere Person hinter der nächsten Ecke warten. Irgendwann muss man erwachsen werden.« Ich nicke. Eigentlich gefällt mir diese ruhige Anne auch besser. Am besten gefällt sie mir aber, als sie mich kurz darauf weinend aus dem Badezimmer anruft. Benjamin und sie haben ihren ersten großen Streit. Ich komme vorbei, nehme sie in den Arm, streiche ihr übers Haar und halte eine schluderige emotionale Rede, dass alles schon wieder gut werden wird. Ich meine es wirklich, wie ich es sage. Ich habe in diesem Moment Hoffnung. Vielleicht wird alles wieder gut. Zwischen Anne und mir. Benjamin halte ich für eine Episode.

Nach dem Badezimmer kommt kein weiterer Anruf, wir bleiben beim Mittwochabend. Es ist an einem solchen Mittwoch, als Anne mir eröffnet, dass sie Benjamin heiraten will. Sie kennen sich seit vier Monaten und Anne ist 25. Es soll eine Blitzhochzeit werden, noch in diesem Jahr. Den Termin haben sie schon. Schnell soll es gehen, denn Benjamin hat ein Jobangebot in Frankfurt. Im Januar geht es für beide los.

»Ich gehe mit ihm als seine Frau«, sagt Anne wie in einer Schwarz-Weiß-Schmonzette. Sie sagt es mir beim Nachtisch.

»Das hat sie bewusst so gemacht«, denke ich. Davor ist unser Gespräch nur mit Belanglosigkeiten dahin geplätschert. Jetzt bleiben wir nicht mehr lang sitzen, zahlen bald die Rechnung und gehen zur Haltestelle.

Am Morgen danach zittert Annes Stimme am Telefon, als sie mir sagt, dass wir unsere Abendessen vielleicht lieber eine Weile aussetzen sollen. Sie habe viel zu tun in den nächsten Wochen.

»Ich weiß nicht mehr, was du von mir erwartest«, sagt Anne dann noch in mein Schweigen hinein. »Weißt du, Freundschaften funktionieren nicht, wenn man das Gefühl hat, man bekommt nicht das zurück, was man gibt. Und du machst es einem schwer. Du sagst nie, was du erwartest. Aber wenn man nie sagt, was man will, Corinne, dann kann man doch nicht verletzt sein, wenn man es nicht bekommt.« Ich hasse sie in diesem Moment, weil sie so abgeklärt klingt. Als wäre sie meine Therapeutin. Als hätte sie sich all das schon lange vorher überlegt und die Worte noch einmal sorgfältig geordnet, bevor sie mich endlich anrief. Dabei hat Anne recht. Ich bin zu dieser Zeit nicht besonders gut in wechselseitigen Freundschaften. Ich bin zum Beispiel eine ganz gute Zuhörerin. Aber ich weiß manchmal nicht, wie ich selbst um Rat fragen soll. Ich mag oft das, was meine Freundinnen mögen. Ich passe mich an. Gleichzeitig bin ich enttäuscht, wenn mich niemand wahrnimmt. Ich will dem Konflikt aus dem Weg gehen und verstehe lange nicht, dass die Sache genau hier schiefläuft.

Anne meldet sich nicht wieder nach unserem Telefonat. Ich bin traurig, aber ich will es nicht zeigen. Ich rufe sie auch nicht an, ich bin bockig. »Anne macht auch einfach weiter«, sage ich mir. Ich rede mir ein, dass neben dem ganzen Glück der Freundschaft doch immer das Wissen steht, dass auch große Freundschaften irgendwann kleiner werden und wir trotzdem weiteratmen müssen. Manchmal ebbt eine Verbundenheit eben ab. Erklärbar ist das alles, normal, unausweichlich vielleicht, weil man sich eben weiterentwickelt. Bäume verlieren ihre Blätter und geliebte Personen entfernen sich. Wenn man Glück hat, treibt im Frühjahr alles neu aus. In Wirklichkeit trifft es mich tiefer, als ich bereit bin, zuzugeben. Den Schnupfen zu Annes Abschiedsfeier aus Berlin nehme ich als willkommenen Vorwand, nicht hingehen zu müssen. Zwei Tage später finde ich eine Karte in meinem Briefkasten. Es ist ein »Save the Date« für ihre Hochzeit im Juni. »Doch keine Blitzhochzeit«, hat Anne mit der Hand darauf geschrieben und dahinter ein lachendes Gesicht gemalt. »Der Sommer ist doch viel schöner.« – »Aha«, denke ich fast triumphierend, vielleicht braucht sie doch noch Zeit, um über alles nachzudenken.

So verabschiede ich mich nicht von Anne und ich höre nichts mehr von ihr bis auf einen Silvestergruß, den ich mit einem Bild einer

Rakete beantworte. Im Frühling sehe ich ein Bild bei StudiVZ. Jemand hat die Einladungskarte zu Annes Hochzeit hochgeladen. Ich versuche mir zu sagen, dass ich verstehe, warum ich nicht eingeladen bin. Es ist klar, dass ich im letzten Jahr noch auf der Liste stand. Aber jetzt haben wir Monate nichts voneinander gehört.

Dann kommt ein Dienstag wie viele Dienstage, an dem ich einen Umschlag aus dem Briefkasten hole. Mein Herz schlägt bis zum Hals, als ich den Absender lese. Anne. Es ist ein Brief aus Büttenpapier. Ich drehe ihn in meiner Hand, als wäre diese Einladung eine Brücke, die doch noch unsere alte Welt mit einer neuen verbinden kann. Ich öffne den Brief und ziehe die Einladungskarte heraus. Sie ist nicht für mich. Der Moment läuft wie in Zeitlupe ab. Ich vergleiche noch einmal. Mein Name steht auf dem Umschlag, aber nicht auf der Einladungskarte. Ich schlucke. Die Adressen auf dem Umschlag sind mit Etiketten aufgedruckt, der Name auf der Karte handgeschrieben. Der Nachname der anderen Person beginnt auch mit L. Eine Verwechslung. Ich kämpfe gegen die Tränen der Enttäuschung an, die in mir aufsteigen. Es fällt mir schwer, dies nicht als Schlag ins Gesicht zu empfinden. Ich habe eine Einladung, aber sie ist nicht für mich. Stand ich auf einer Liste und wurde dann wieder gestrichen? Mir wird kurz schwindelig vor Ärger und Demütigung. Eine Woche lang überlege ich, was ich tun soll. Die Einladung wegschmeißen, eine wütende E-Mail schreiben, trotzdem bei der Hochzeit auftauchen? Dann klingelt mein Telefon. Es ist Anne. Die andere Person hat sich bei ihr gemeldet, weil die Einladung nicht ankam. Dann hat sie die Liste mit den Adressetiketten verglichen, und es ist ihr aufgefallen. Sie entschuldigt sich nicht. Sie fragt mich nur, ob ich die Einladung zurückschicken kann.

Sie wird mich also nicht einladen, denke ich. Nicht einmal jetzt, nach dieser Peinlichkeit, als Wiedergutmachung vielleicht. Ich bekomme nicht einmal die Chance, nicht hinzugehen. Kurz will ich am Telefon mit ihr streiten. Ich will das sagen, was sie nicht ausspricht. Sag mir doch, dass ich eine miese Freundin bin! Erklär mir, was ich falsch gemacht habe! Eine Welle von Vorwürfen kann doch kaum schlimmer sein als dieses Gefühl und dieses Ende. Ich atme tief ein und sammle mich.

»Danke, dass du damit so erwachsen umgehst«, sagt Anne und verhindert meinen sich anbahnenden Ausbruch. »Ich hoffe, dir geht es gut.«

»Ja«, antworte ich. »Es läuft alles super.«

»Bei mir auch. Die neue Wohnung ist toll, Benjamin liebt seinen Job, und ich fange auch bald wieder an zu arbeiten.«

»Das freut mich für dich.« Dann legen wir auf.

Einige Wochen nach dem Hochzeitsdatum bekomme ich ein paar Fotos geschickt mit einem Dank für mein Hochzeitsgeschenk. Aus verletztem Stolz habe ich ihnen eines der teuersten Geschenke von der Liste geschickt. Von der Liste, die eigentlich nur Hochzeitsgäste bekommen haben, ich habe sie mir von einer Bekannten besorgt. Aus meiner Antwort auf die Fotos entwickeln sich noch ein paar Textnachrichten. Dann versiegt die Kommunikation zwischen uns fast ganz. Die kommenden zwei Jahre schicke ich ihr nur noch Geburtstags- und Weihnachtskarten ohne viel Text, die ohne Antwort bleiben.

Man hört einen Namen, und das Herz beginnt zu klopfen. Die Hände werden feucht. Man glaubt, ein bekanntes Gesicht auf der Straße zu sehen, und auf einmal kommen die Erinnerungen zurück. Manchmal ist es Jahre her und manchmal erst ein paar Monate, und trotzdem kommt alles in diesem einen Moment zurück, die ersten Gespräche, die kleinen Abenteuer, die Hoffnung, was diese Freundschaft alles überdauern kann, und die Trauer, weil sie es nicht tat. Wir alle haben diese eine Geschichte. Die Geschichte von einer Freundin, die gegangen ist. Wir denken an sie in den komischsten Momenten, durchleben alles noch einmal, den Betrug, den Streit, die Sehnsucht oder vielleicht die Erleichterung nach ihrem Ende. Eine Freundschaft zu verlieren ist genauso schmerzhaft und bitter wie eine Trennung von einer romantischen Liebe. Und doch ist es eine sonderbare Form eines gebrochenen Herzens. Eine, über die wir weniger reden. Wenn wir uns von Männern trennen, dürfen wir

schreien und toben und in Eiscremebehälter weinen. Geschichten vom Umgang mit zerbrochenen
Lieben kennen wir viele. Lieben dürfen plötz-
lich und unerklärlich enden, und dann darf man
trauern. Tausende Popsongs berichten davon.

»Was tun wir, wenn wir Freundinnen verlieren?«, frage ich mich oft in dieser Zeit ohne Anne.
»Wer fühlt hier mit?«

Die mit der verschwundenen Tasche

Ida arbeitet in der gleichen Firma wie ich. Es ist ein großes Unternehmen mit über 300 Mitarbeitern, wir kommen im Fahrstuhl ins Gespräch. Eine Kollegin sagt, Ida könnte man nur lieben oder hassen, da gäbe es nichts dazwischen. Zu dieser Zeit erzähle ich oft kleine Peinlichkeiten und Schwächen von mir, wenn ich neue Menschen kennenlerne. Wie ich einmal beim Arzt gegen eine Glastür laufe, sie zu Bruch geht und meine Haftpflicht den Schaden übernehmen muss. Wie ich bei einem wichtigen Bewerbungsgespräch mit dem Stuhl umkippe. Dass ich nicht gut verhandeln kann und manchmal weinen muss, wenn ich mich ungerecht behandelt fühle. Ich tue das, weil ich glaube, dass man mich dann lieber mag. Weil ich im Gedächtnis bleiben möchte, ohne zu prahlen, ein bisschen besonders sein.

Ida will auch besonders sein. Ihre Wohnung ist voller Flohmarktfunde. Ein alter Vogelkäfig und ein Banjo ohne Saiten stehen dort. Dinge, die sie wegen der Stimmung und nicht wegen der Funktion gekauft hat. Wenn Ida nicht schlafen kann, überlegt sie, ob sie aus dem Stauraum über der Badezimmertür ein Aquarium macht. Ihre Kleider hat sie auf einer Stange in der Mitte des Wohnzimmers drapiert. Im Büro trägt sie einfarbige Etuikleider in auffälligen Farben und hohe Schuhe. Ida findet es spannend, dass ich neben dem Bürojob meine Doktorarbeit schreibe. Vermutlich will sie sich aber mit mir anfreunden, weil sich unsere Wege eigentlich nicht überschneiden. Ida ist im Controlling, und ich arbeite in der Presseabteilung. Nach unserem ersten gemeinsamen Mittagessen glaube ich, dass sich das Ganze schnell wieder verlaufen wird. Ich will, dass Ida mich gut findet, weil ich mit Mitte zwanzig möchte, dass alle mich gut finden. Aber ich habe eigentlich nicht vor, sie auch außerhalb des Büros zu treffen. Es ist Ida, die mich ins Kino einlädt, dann ein Treffen im Café vorschlägt und mich schließlich zu Partys mitnimmt. Mit Ida wird es nie langweilig, ihr Selbstbewusstsein ist ansteckend. Ihr ist es egal, was andere von ihr denken. Als wir eine Probestunde in einem Salsakurs nehmen, steht irgendwann der kubanische Tanzlehrer vor uns, schüttelt den Kopf und verkündet: »Nein, nein, nein, *das* ist nicht sexy.« Ich möchte im Boden versinken und ganz schnell den Raum verlassen. Ida lacht ihm ins Gesicht. Wie wenig sie die Bemerkung tatsächlich kümmert, fällt mir am nächsten Tag noch einmal auf, als sie im Fahrstuhlspiegel grinsend den Tanzlehrer imitiert.

Wenn Ida jemand sein möchte, geht sie in dieser Rolle auf. Sie erschafft sich einfach neu. Bevor wir ausgehen, treffen wir uns oft in meiner Wohnung. Während wir uns Schuhe und Kleider reichen, malt Ida sich aus, wen sie an diesem Abend treffen und wie sie sich bei der Begegnung verhalten wird. Ida verlässt das Haus nie ohne ein Drehbuch, das sie sich selbst schreibt. Auch in der Nacherzählung ist für Ida alles gestaltbar. Wenn eine Situation sie verärgert, erzählt sie die Geschichte so lange immer wieder neu und ordnet die Details um, bis sie eine bessere Realität gefunden hat. Bei Ida kann nie etwas wirklich schiefgehen, sie macht nichts falsch. Auch in unserer Freundschaft folgen wir einem Skript. »Schaut uns an, wir sind super«, steht darin.

Doch je mehr ich Ida dabei zusehe, wie sie ihre ungezählten kleinen Häutungen durchmacht, desto unwohler fühle ich mich in ihrer Gegenwart. Desto kritischer sehe ich sie. Warum müssen wir uns immer inszenieren, immer Radau machen? Bin ich nicht jemand, der viel lieber still ist? Ich beobachte sie und weiß nicht, wer Ida ist. Vermisst sie jemanden, ist sie gern die, die sie zu sein scheint, zweifelt sie jemals an sich? Ich bin mir nicht einmal sicher, was sie am liebsten isst.

Wir nehmen oft an, dass Freundschaften diese magischen Beziehungen sind, die einfach entstehen, uns glücklich machen und für immer halten. Die Wahrheit ist komplizierter und chaotischer. Freundschaften können zwiespältig sein. Man kann gleichzeitig positive und negative Gefühle gegenüber einer Person haben. Zweimal nachdenken, ob man abhebt, wenn sie anruft, sich fühlen, als würde man auf Eierschalen laufen, wenn man mit ihr zusammen ist, und sich trotzdem dabei ertappen, dass man eine gute Zeit mit ihr hat.

Mir fällt irgendwann auf, dass Ida immer nach dem größten Stück Pizza greift, noch bevor alle anderen sitzen. Als ich eine neue Jacke kaufe, will sie sie ausleihen, obwohl ich sie erst einmal getragen habe. Beim Ausgehen teilen wir die Rechnung genau durch zwei, wenn sie mehr trinkt als ich, während wir sie genau auseinanderdividieren, wenn es andersherum ist. Machen wir einen Filmabend, bringt sie nur ihre Lieblingssüßigkeiten mit. Dafür finde ich immer weniger Inhalt in meiner teuren Gesichtscreme im Bad. Ida erzählt beim Small Talk anderen den Inhalt der Bücher, die ich gerade lese. Wenn ich mich für jemanden interessiere, flirtet sie mit ihm.

Während ich das schreibe, überlege ich, ob es nicht Kleinigkeiten, vielleicht sogar Nichtigkeiten sind, die ich gerade aufzähle. Wie geht es jemandem, der meine Geschichte liest? Wenn sich Freundschaften ins Unangenehme verändern, kratzt das immer auch an unserem Bild von uns selbst. Es gibt dieses ungeschriebene Gesetz zwischen Freundinnen, dass man füreinander da ist. Schon kleine Enttäuschungen können das Vertrauen erschüttern und gewaltige Proportionen annehmen, weil sie die Stärke der Bindung infrage stellen.

Mein Rückzug von Ida beginnt nach meinen kritischen Beobachtungen und er ist einseitig. Ich ziehe mich zurück und lasse die Entfremdung zu, weil ich mich unwohl fühle. Ich will Ida keine Lektion erteilen. Es geht nicht darum, die Oberhand zu behalten. Es geht um eine Verletzung, die schwer zu erklären ist. Es ist immer eine schmerzhafte Entscheidung, jemandem weniger Platz im eigenen Leben einzuräumen. Freundschaften brauchen Empathie, man muss die Perspektive der anderen einnehmen können. Ich entferne mich von Ida und denke dabei nicht an sie. Trotz allem bin ich immer noch fasziniert von ihr. Mir schmeichelt, dass sie von Anfang an immer wieder meine Nähe suchte, obwohl ich weniger interessiert war. Jetzt beschließe ich allein für mich, dass ich im Zweifelsfall auch ohne sie kann. Ich weihe sie nicht in meine Gedanken ein, suche nicht das Gespräch.

Ida wird meine Freundin in einer Zeit, in der die meisten Menschen, denen ich begegne, das Gefühl haben, wir würden uns ähneln, obwohl sie alle unterschiedliche Personen sind. Ich kann das gut, für andere das sein, was sie in mir sehen. Dadurch lasse ich es zu, dass Idas und meine Beziehung einseitiger und ungleicher wird. Es ist immer einfacher, die Makel bei jemand anderem zu entdecken. Ich sehe sie bei Ida, aber ich sehe nicht, was ich dazu beitrage, dass wir uns entfernen. Heute denke ich, meine Passivität und mein stiller Rückzug haben Ida erst ermutigt, wirklich die Grenzen zu überschreiten.

Einige Zeit später braucht unser Hamburger Büro Unterstützung, und ich bitte Ida, während meiner Abwesenheit auf meine Wohnung zu achten. Mir ist klar, dass sie mein Telefon und meine Badewanne benutzen und sich am Tiefkühlschrank bedienen wird. Aber ich will es vorher nicht ansprechen. Nach der ersten Woche kehre ich zurück und stelle fest, dass sich auch mein Wäschekorb gefüllt hat. Ida hat sich Sachen von mir ausgeliehen und sie nach dem Tragen in den Korb gelegt. Ich fühle mich hintergangen, aber schweige. Schließlich haben wir uns von Anfang an immer selbstverständlich Sachen ausgeliehen, und ich habe sie nicht gebeten, es nicht zu tun. Habe ich unter diesen Voraussetzungen überhaupt das Recht, wütend zu sein? So bitte ich Ida nur, in der nächsten Woche die Waschmaschine anzustellen, wenn sie sich wieder etwas nimmt, und bin froh, als mein Einsatz in Hamburg drei Wochen später beendet ist. Zurück in Berlin, spricht mich eine Kollegin darauf an, dass Ida meine Sachen getragen hat.

»Ein bisschen komisch war das schon«, sagt sie. »Sie hatte deine Anzughosen an und die Seidenblusen, weißt du, die grüne und die kobaltblaue. Ich glaube, die Schuhe könnten auch deine gewesen sein.« Ich erfinde eine Ausrede, um unsere nächste Verabredung abzusagen, und sehe Ida erst wieder bei meiner Geburtstagsfeier. Die Wohnung ist voller Menschen. Ida bringt zum ersten Mal einen selbst gemachten Dip mit. Ich habe nicht viel Zeit für sie, aber wir reden und tanzen kurz. Am Ende des Abends zeige ich ihr die blaue Handtasche, die mir meine Mama geschenkt hat. Schon als Kind habe ich sie geliebt und wollte immer damit spielen. Jetzt wird sie mir frühzeitig vererbt.

Am nächsten Morgen ist die Tasche verschwunden. Zuerst denke ich, ich habe sie im Trubel des Abends irgendwo anders hingelegt, als ich dachte. Ich sehe in meinem Schrank nach und suche dann die gesamte Wohnung ab. Nichts. Hat sie einer der Gäste mitgenommen? Aber sie war im Schrank, eigentlich bin ich mir sicher. Jemand müsste sie bewusst herausgeholt haben. Sie hing nicht an der Garderobe, wo man sie mit der eigenen verwechseln konnte.

Ich überlege. Die Tasche bedeutet mir viel, aber für andere sieht sie vermutlich nur wie eine alte Handtasche aus. Am Griff ist sogar das Leder eingerissen. Ich kann mir nicht vorstellen, dass sie jemandem wertvoll erscheint, der nichts von ihrem emotionalen Wert weiß. Da denke ich an Ida und die Wochen in Hamburg. Schließlich rufe ich sie an.

»Ich finde meine Tasche nicht«, beginne ich unmittelbar das Gespräch und warte auf ihre Reaktion.

»Wirklich? Du hast sie bestimmt verlegt.«

»Ich habe alles abgesucht, sie ist nicht hier. Meinst du, dass einer der Gäste sie gestern genommen hat?«

»Das kann ich mir nicht vorstellen. Sie wird schon irgendwo sein.« Ida klingt wenig beruhigend, und mir ist unwohl, als wir auflegen. Die nächsten Stunden tigere ich durch die Wohnung und suche mit abnehmender Motivation erneut nach der Tasche, während sich ein Gedanke in meinem Kopf festsetzt. Am späten Nachmittag schreibe ich Ida eine SMS: »Ida, hast du die Tasche?«

Ein Betrug bereitet die Bühne für ein besonders unangenehmes Ende einer Freundschaft. Er ist nicht nur eine Entgleisung. Er ist eine bewusste Entscheidung, die einen unmittelbar trifft. Meine SMS bleibt zunächst ohne Antwort. Dafür finde ich am nächsten Morgen eine Plastiktüte vor meiner Tür. Sie enthält meine Tasche und einen Zettel von Ida. Ida schreibt, dass sie sich die Tasche nur ausleihen wollte und wohl vergessen habe, mir Bescheid zu geben. Jetzt habe ich sie wieder und sie hoffe, alles sei damit in Ordnung. Ich lese den Zettel noch einmal durch. Das Ausmaß ihrer Lüge lässt mich sprachlos zurück. Das ist die Ida, die sich ihr Drehbuch selbst schreibt. Ich halte es hier in meinen Händen. Wie oft habe ich erlebt, dass sie ihr halbes ausgedachtes Puzzle für ein ganzes ausgibt, dass sie sich die Welt macht, wie sie sie braucht. Idas Unfähigkeit, sich richtig zu entschuldigen, trifft mich. Ich bin wütend und fühle mich im Recht. Wie kann sie nur? Ich lösche Idas Nummer und reagiere auf keine ihrer Nachrichten und Anrufe. Wenn wir uns im Büro zufällig auf dem Gang entgegenkommen, biege ich ab. Wir schaffen es schnell, uns nicht mehr über den Weg zu laufen. Es ist das erste und einzige Mal, dass ich eine Freundschaft auf diese Art beende. Bei der Recherche für dieses Buch lese ich, dass man dieses wortlose Verschwinden aus einer Beziehung »Ghosting« nennt. Man wird zum Geist. Man erklärt nichts, ist nicht mehr erreichbar, löst sich für den anderen einfach in Luft auf.

Heute glaube ich, dass mein eigener, nie erklärter Rückzug, der bereits vor der Sache mit der Tasche begann, Idas Reaktion damals provoziert hat. Auch ich habe sie auf eine Art betrogen, war nicht mehr ehrlich zu ihr. Ich habe sie nur noch bewertet, mir die Gründe für ihr Verhalten ohne sie zusammengepuzzelt, habe ihr keine Chance gegeben, sich zu erklären. Ich habe auch eine Rolle gespielt. Die Rolle, in der ich zu allem lächele. Die Geschichte mit Ida hat mir geholfen zu erkennen, dass es keinen Sinn macht, Dinge nicht anzusprechen. Man verletzt, wenn man bereits geht, ohne sich verabschiedet zu haben. Freundinnen verdienen die Wahrheit, auch wenn sie wehtut oder einen Konflikt provoziert. Man muss es aussprechen, wenn man genervt, ärgerlich, verletzt, traurig, ängstlich oder einfach nur müde ist. Die eigene Geisterpersönlichkeit haben auch ehemalige Freundinnen nicht verdient. Den Geist hebt man sich besser für seine ärgsten Feinde auf, um ihnen dann irgendwann im Badezimmerspiegel zu erscheinen und sie zu Tode zu erschrecken.

Die mit der Einsamkeit

Eines Morgens kurz vor meinem 27. Geburtstag passiert es. Ich wache auf und da ist niemand. Niemand, den ich einfach anrufen kann. Niemand, den ich fragen kann, ob sie mit mir ins Kino geht oder mich beim Jeanskauf berät. Ich habe einige Telefonnummern gespeichert. Aber es ist keine dabei, die ich am Sonntagmorgen anrufen und fragen kann, ob wir etwas unternehmen wollen. Keine, von der ich nicht denke, dass sie es komisch finden würde, weil wir uns eigentlich nicht so gut kennen. Dabei soll mein Leben in dieser neuen Stadt doch schon seit einer Weile richtig losgehen. Stark und unabhängig will ich sein. Aber eben auch beliebt und geliebt. Endlich habe ich diese eigene kleine Wohnung, die ich selbst bezahle und allein eingerichtet habe. Sie ist mein lang ersehnter Rückzugsort. Aber der Rückzugsort ist viel zu oft zu still. Ich bin hier allein mit meinen Gedanken, die in der Stille dann doch lärmen und niemanden haben, dem sie sich mitteilen können. Ich bin einsam.

Einsamkeit ist ein unheimliches Gefühl. Launenhaft und unberechenbar kriecht es heran. Meine Einsamkeit entsteht nicht nur an den Wochenenden in meiner Wohnung. Sie betrübt mich auch, wenn ich ins Büro gehe. Wenn ich mich unterhalte, ohne das Gefühl zu haben, ein wirkliches Gespräch zu führen. Ich fühle mich, als werde ich von niemandem gesehen, als wären nur Menschen um mich, mit denen ich nicht harmoniere. Es ist eine Traurigkeit, die sich einschleicht und mich vermutlich auch nicht sympathischer wirken lässt. Die Einsamkeit ist eine Leerstelle. Ich spüre ihr Stechen am deutlichsten an Sonntagen und jeden Abend auf dem Weg vom Büro nach Hause. Ich erzähle nicht von meiner Einsamkeit, nicht meiner Familie und nicht einmal mir selbst. Ich schreibe nicht über sie, obwohl ich sonst über alles schreibe. Es braucht Mut, sich dem Gefühl zu stellen. Anzuerkennen, wie normal es ist, wie mannigfaltig und festsitzend. Ich schiebe es zunächst weg, weil es so unnatürlich scheint. Gerade jetzt, wo doch alles stimmen sollte. Einsamkeit ist etwas für die anderen Menschen. Für solche mit nicht gelebten Leben und mit nicht ergriffenen Chancen. Natürlich weiß ich, dass das nicht stimmt. Schließlich bin ich selbst das beste Beispiel dafür. Einsamkcit kann jeden treffen. Sie macht sich in den Herzen aller Arten von Menschen breit. Ihre Alltäglichkeit ist ihre beste Verkleidung.

Ich weiß, ich muss da raus. Ich merke, wie ich längst bei vielem zu dünnhäutig bin. Es scheint mir wie eine Krankheit, dieses Alleinsein. Eine Krankheit, die auf keinen Fall chronisch werden darf. Kurz denke ich darüber nach, mir eine Katze zu kaufen, nur damit es in der Wohnung nicht mehr so leise ist. Vielleicht helfen Sport und frische Luft? Ich fange an, laufen zu gehen. »Einsamkeit verringert die Lebenserwartung wie fünfzehn Zigaretten am Tag.« Das lese ich irgendwo. Mit dem Rauchen anzufangen, um Fremde zur Kontaktaufnahme nach Zigaretten zu fragen, ist also auch keine Option.

Irgendwann mache ich einen generalstabsmäßigen Plan, wie ich neue Leute kennenlernen kann. Ich gehe zum Sport, zum Kochkurs, in einen Buchclub, allein ins Kino und setze mich suchend in Cafés. Ich fange an, auf Freundinnendates zu gehen. Es funktioniert ganz gut. Mein Terminkalender und mein Telefon füllen sich. Mit den neuen Bekannten fühle ich mich weniger einsam. Ich kann am Sonntag wieder jemanden anrufen. Und trotzdem bleibt die Traurigkeit. Einsamkeit setzt sich in die Lücke zwischen Gesellschaft und Gemeinschaft. Eigentlich weiß ich, was es ist. Ich vermisse die Gemeinschaft, ich vermisse Anne. Die Enttäuschung und die Schuldgefühle sind immer noch da, auch nach über einem Jahr. Ich denke viel an sie. Überlege, ob sie auch an mich denkt, male mir aus, was sie gerade tut, wie ihr Leben jetzt wohl aussieht. Der Kummer über den Verlust wird nicht weniger. Er wallt immer wieder auf, mit jedem größeren Ereignis in meinem Leben, das ich ohne sie durchlebe in dem Wissen, dass auch sie gerade Etappen ohne mich geht. Auch wenn wir uns bereits in Berlin nicht mehr so nah waren wie früher, hat mir ihr endgültiger Weggang vieles genommen. Unsere Rituale und unsere Zeichen, die nur wir beide wirklich verstehen, funktionieren eben nur mit genau diesen beiden Personen. Ich kann sie nicht allein am Leben erhalten und ich kann das Gegenüber nicht ersetzen.

Freundschaftswissen:
Wie Zigaretten

Einsamkeit kann jeden treffen. In einer Studie der Ruhr-Universität Bochum gaben 2016 15 Prozent der 25- bis 35-Jährigen an, schon einmal einsam gewesen zu sein. Soziale Isolation schwächt die Gesundheit so stark, wie wenn wir fünfzehn Zigaretten am Tag rauchen würden. Sie ist doppelt so schädlich wie Fettsucht und mangelnde Bewegung. Glückliche Beziehungen hingegen halten uns gesund und können unser Leben um bis zu einem Fünftel verlängern. Das fand die Psychologin Julianne Holt-Lunstad 2010 heraus, als sie Studien auswertete, die den Gesundheitszustand von 300 000 Menschen über acht Jahre hinweg dokumentiert hatten. Die Umarmung einer Freundin lässt die Herzfrequenz und den Blutdruck sinken. Das Stresshormon Cortisol wird schneller abgebaut, und das Bindungshormon Oxytocin beruhigt, uns. Seine Wirkung wird übrigens vom Östrogen im weiblichen Körper noch verstärkt. Vielleicht eine Erklärung dafür, dass sich Frauen in stressigen Situationen sofort ihren Freundinnen zuwenden, während Männer zunächst allein bleiben.

Die mit der Suche

Mit Ende zwanzig allein in einer neuen Stadt fallen mir Freundschaften zunehmend schwer. Es fällt mir schwerer, neue Bekanntschaften zu beginnen, und es ist schwieriger, sie zu Freundschaften wachsen zu lassen. Ich habe das Gefühl, wer es nicht geschafft hat, eine Jugendfreundin durch die Unwägbarkeiten des Alltags herüberzuretten, hat wenig Chancen in diesem hektischen Leben. Es ist das Scheitern am Sonntagmorgentest, das mich auf die Idee bringt, aktiv neue Freundinnen zu suchen. Obwohl es vermutlich nichts gibt, was meinem Typ weniger entspricht. Aber mir fehlt dieser selbstverständliche »Und, was machen wir heute?«-Anruf. Ich weiß, dass ich 27 und nicht mehr acht bin und dass sich Beziehungen mit der Zeit verändern. Trotzdem wünsche ich mir, es wäre einfacher. Ein bisschen wie damals mit Nora und der Hecke, in die mich jemand einfach hineinzog.

Es gibt diese Menschen, die mit der größten Selbstverständlichkeit immer neue Personen kennenlernen. Mit dieser Eigenschaft bin ich leider nicht gesegnet. Also beschließe ich, bewusst auf die Suche zu gehen. Eigentlich fange ich an zu daten. Meine nächsten Monate sind der Suche nach einer Liebesbeziehung gar nicht unähnlich. Ich frage mich, ab welchem Punkt ich eine neue Bekannte einfach so nur zum Quatschen anrufen kann. Mein Herz klopft mir manchmal bis zum Hals, wenn ich eine SMS schreibe wie: »Hey, Lust auf Kino heute Abend?« Als handele es sich um ein Date. Ich stelle mich der Bewertung durch andere, versuche mich in einem positiven Licht erscheinen zu lassen und überlege viel zu verkopft die nächsten Schritte. Einmal werde ich sogar von einer Kollegin auf ein Freundinnen-Blind-Date geschickt und trage einen gelben Schal als Erkennungszeichen. Einziger gewichtiger Unterschied: Ich muss durch das alles allein durch. Es gibt keine Freundin, mit der ich das Ganze besprechen kann. Aber das soll sich ja bald ändern.

Meine ersten Anbahnungsversuche mache ich im Fitnessstudio. Ich habe keine Ahnung, warum. Vielleicht glaube ich, dass in einem Fitnessstudio mit vielen Kursen von vornherein einfach mehr potenzielle Freundinnen anwesend sind. Woran ich nicht denke, ist, dass ich gar nicht so gerne Sport mache (nicht optimal), dass ich sehr schnell schwitze und hechele (nicht förderlich für das eigene Selbstbewusstsein) und dass ich mir nur ganz schlecht Bewegungsfolgen (Anrempelungsgefahr) und viele neue Namen auf einmal merken kann (Hey, du da mit der lila Leggins, Lust auf einen Kaffee?). Das sind nicht die besten Voraussetzungen. Dazu kommt, dass ich diese Freundinnensuche möglichst schnell hinter mich bringen will, weil sie mir peinlich ist. Ich habe am Anfang wenig Geduld und scanne die Anwesenden vermutlich ziemlich offensichtlich ab. Man kann meine Verzweiflung riechen, und hoffentlich nur die.

Mir kommt es irgendwie falsch und wenig authentisch vor, aktiv neue Freundschaften zu suchen. Irgendwie herrscht dann doch diese Vorstellung vor, dass Beziehungen, die einfach so entstehen, die ehrlichsten sind. Sie sollen organisch wachsen, wie eine kleine gesunde Pflanze. Das gilt für Liebesbeziehungen, aber erst recht für Freundschaften. Trotzdem gibt es Millionen Menschen, die für die Liebe Onlinedating betreiben, zu Verpartnerungsabenden gehen oder Ü30-Single-Urlaube buchen. Man muss einige Frösche küssen, um den Prinzen zu finden, oder? Warum also nicht auch ein paar Prinzessinnen unter die Lupe nehmen für eine neue Freundschaft? Trotz meines suboptimalen Starts beim Sport habe ich Glück, und Julia fragt mich, ob wir uns nach dem Zumbakurs treffen wollen. Das erste Treffen zu zweit außerhalb von festgelegten Terminen ist das Schwierigste. Es ist das erste Date. Wie bei Dates trifft man sich nicht sofort in den eigenen vier Wänden. Ich verabrede mich in den kommenden Monaten nicht nur mit Julia, sondern noch mit ziemlich vielen anderen. Essen gehen und Kino werden auf Dauer ganz schön teuer. Besonders, wenn man die andere Person das Restaurant aussuchen lässt. Der Blick in die Speisekarte verrät dann bereits die Gehaltsunterschiede.

Wenigstens muss man bei einem Freundinnen-date nicht die Rechnung übernehmen.

Julia ist mein erstes Treffen und meine erste Enttäuschung. Psychologen sagen, wir entscheiden in den ersten zehn Minuten, welche Art von Beziehung wir mit einem Menschen haben wollen. Julia und ich klickten beim Zumba, aber beim Essen klappt es nicht mehr. Mit manchen Menschen rutscht man leicht in ein Gespräch. Es gibt gar nicht genug Zeit, um die ganzen Dinge unterzubringen, von denen man manchmal selbst überrascht ist, dass man sie offensichtlich ganz dringend erzählen will. Mit anderen entsteht statt einer angeregten Unterhaltung eine schleichende Last. Angestrengt denkt man darüber nach, was man als Nächstes sagen könnte, um eine unangenehme Stille zu vermeiden. So ist der Abend mit Julia. Trotzdem will ich sie noch mal treffen. Ich habe mir geschworen, immer einen zweiten Blick zu wagen. Diese Freundinnensuche ist eher eine Langstrecke als ein Sprint, das wird mir schnell klar. Aber Julia hat keine Zeit für schlechte Dates. Wer kann es ihr verübeln?

»Können wir gern versuchen«, schreibt sie auf meine Nachricht zurück. »Wenn bei mir wieder mehr Luft im Kalender ist. Bin ehrlich gesagt auch froh, dass der Kurs bald zu Ende ist, weil ich echt viel zu tun habe. Sommer in Berlin ist immer so voll, bei dir sicher auch. Wollen wir grob den Herbst ins Auge fassen?« Es ist noch nicht einmal Mai, als ich ihre Antwort bekomme.

Der Sommer hat noch gar nicht angefangen. Ich merke: Wenn ich hier tatsächlich auf Freundinnen-Dates gehe, dann werde ich gerade zum ersten Mal abserviert.

Nach der Sache mit Julia überlege ich, ob es nicht sinnvoller wäre, etwas zu unternehmen, bei dem ich mich selbst wohler fühle. Nächster Halt: Buchclub. Angeblich gibt es vier Säulen, die Freundschaften entstehen lassen: Man muss etwas über sich preisgeben wollen, in einer guten Mischung aus Intimität und Gegenseitigkeit. Man braucht das Gefühl, verstanden zu werden, und regelmäßige Interaktion miteinander. Eine positive Einstellung Beziehungen gegenüber hilft auch.

Da bietet so ein Buchclub schon mal eine Menge. Das gemeinsame Interesse verbindet, und man erfährt etwas über Menschen, wenn man über die Bücher spricht, die sie mögen. Zwei Bücher pro Monat lesen finde ich auch super und regelmäßig trifft man sich zudem. Im Buchclub spreche ich zum ersten Mal selbst eine potenzielle Freundin an. Nach der peinlichen Abfuhr von Julia mache ich mir weniger Sorgen vor Zurückweisung. So tritt Pauline in mein Leben, und Franziska aus dem anschließenden Kochkurs. Seit einem halben Jahr bin ich nun schon möglichst viel unterwegs. Ich lese wieder mehr und kann besser kochen. Die ersten Bekannten, die ich am Anfang kennengelernt habe, stellen mir neue Personen vor. Ich bin eine

Spinne. Nein, ich bin keine Spinne, ich hasse Spinnen. Aber mein soziales Netz wird tatsächlich größer.

Natürlich kann man Freundschaften genauso wenig erzwingen wie die Liebe. Man kann nur Anlässe schaffen. Als ich jung war, fühlte es sich vielleicht so an, als wären die Personen, die ich kennenlernte, fast automatisch das fehlende Puzzleteil. Jetzt können die ersten Treffen gut laufen, und bei den nächsten hat man trotzdem das Gefühl, dass es nicht richtig passt. Vielleicht sind meine Ansprüche gestiegen? Vom richtigen Dating sagt man ja auch, dass es mit der Zeit immer schwieriger wird.

Zeit ist sowieso der wichtigste Punkt. Man braucht eine Menge davon. Als Kind hat man sie einfach. Weil es das Normalste der Welt ist, seine Freundinnen zu sehen. Jetzt müssen sich beide Seiten diese bewusst nehmen, egal wie hektisch der Alltag ist. Das Schöne ist, wenn beide es wollen, klappt es immer noch. Ob Pauline jemals eine beste Freundin wird, weiß ich in diesen Monaten noch nicht. Die Kriterien sind mir auch nicht mehr richtig klar. Es ist wohl eher ein Gefühl, und Gefühle kann man bekanntlich nicht erzwingen. Außerdem kann man neue Menschen nicht sofort nach ihrem »Beste-Freundinnen-Potenzial« bewerten, auch wenn es praktisch wäre. Fünfzig Stunden Gespräche und gemeinsame Unternehmungen braucht es, um von einer Bekannten zu einer Freundin zu werden, und noch einmal 200 Stunden, bis diese Freundschaft wirklich eng an uns heranrückt. Das hat eine Studie einmal herausgefunden.

Ich brauche einfach Geduld. Unter Umständen liegen noch Jahre, liegen noch Jahrzehnte vor mir und diesen neuen Personen in meinem Leben. Irgendwann könnten aus ihnen meine ältesten Freundinnen werden. Die, die mich bereits kannten, bevor ich Kinder hatte. Bevor meine Kinder Kinder hatten. Es ist aber nicht nur die Zeit an sich, die Freundschaften wachsen lässt. Sie wachsen auch an dem Ohr, das zuhört, und an der Schulter, an der man sich ausweinen kann. Aus diesen neuen Freundschaften könnte etwas werden. Aber sie haben noch keine schwierigen Zeiten überstanden. Beziehungen funktionieren nicht ohne Verletzlichkeit. Am Anfang meiner Suche denke ich noch, wenn ich mich verletzlich zeige und viel investiere, gibt es auch schnelle Rendite. Ich bin ungeduldig und übersehe, dass Bewährungsproben und der Alltag, an dem sich eine Freundschaft nährt, nicht von jetzt auf gleich entstehen.

Was steht am Ende meiner Freundinnen-Dates? Ich habe neue Telefonnummern in meinem Handy und neue Namen in meinem Leben. Ich kann am Sonntag jemanden anrufen. Zu Weihnachten bekomme ich Geschenke, die etwas über mich erzählen. Ich lerne in dieser Zeit aber auch, mir selbst genug zu sein. Es ist eine der wesentlichen Erkenntnisse meiner Zwanziger, dass ich allein existieren kann, obwohl ich es nicht gern tue. Meine Freundinnensuche macht mich unabhängiger und bestätigt mir gleichzeitig, wie sehr ich andere brauche. Freundschaft ist am Ende alles, was wir haben. Dazu gehört auch die, die wir mit uns selbst führen.

Die mit den Vergleichen

Wir sind in unsere Unterhaltung vertieft, als die Weinflasche auf unserem Tisch auftaucht. Der Kellner nickt mit dem Kopf in Richtung eines Tisches am Fenster. Dann legt er einen kleinen Zettel mit ein paar Zeilen und einer Telefonnummer zur Flasche auf unseren Tisch. Es ist mir noch nie passiert, dass mir von einem Fremdem im Restaurant eine Flasche Wein an den Tisch geschickt wird. Es sei denn, ich bin mit Franziska unterwegs. Sie bringt die Menschen dazu, sich nach ihr umzudrehen. Es ist nicht so, als wären wir die Schönheitskönigin und das hässliche Entlein. Aber Franziska sieht gut aus und fasziniert. Sie hat, in Ermangelung eines besseren Wortes, das gewisse Etwas. Franziska fällt auf, nicht nur, weil sie mich um einen Kopf überragt. Ich bin die Süße, und sie ist das Wow. Das merke ich schnell, als wir uns im Kochkurs kennenlernen, in dem sich die meisten darum reißen, mit ihr das Gemüse zu schneiden.

Als wir ein paar Monate später beschließen, einen gemeinsamen Wochenendausflug nach Rom zu unternehmen, müssen wir nur kurz verloren auf dem Bahnhof herumstehen, bis mehrere freundliche Italiener uns fragen, ob sie helfen können. Unsere Koffer tragen wir nicht allein zum Hotel. Nüchtern betrachtet ist es sehr praktisch, Franziska an meiner Seite zu haben.

So ziemlich jeder schwärmt ein wenig für sie. Es ist ihre Art, dem Gegenüber das Gefühl zu geben, dass sie nur ihm zuhört; es ist ihre Empathie, die Stärke ihrer Persönlichkeit, ohne arrogant zu wirken. Die Eigenschaften, die auch ich an ihr schätze. Die Dinge, warum ich gern mit ihr befreundet bin. Kein Wunder also, dass sie auch auf andere attraktiv wirken. Franziska ist einfach ein netter Mensch. Man muss sich anstrengen, sie nicht zu mögen.

Natürlich ist es nicht so, als ob ich mich nicht mit ihr vergleiche. Gerade am Anfang ist das so. Auch weil der Wettbewerb von außen an uns herangetragen wird. Es gibt mehr als eine befremdliche Situation, in der Dritte um mich herumschleichen und Dinge sagen wie: »Du siehst gut aus heute, und Franziska ist ja sowieso eine Bombe.« Dann warten sie auf meine Reaktion. Sicher, Konkurrenz und Neid können auch die schönste Freundschaft ganz schön durchschütteln. Aber interessanterweise interessiert mich Franziskas Wirkung auf Menschen und Männer immer weniger, je besser wir uns kennen. Wahrscheinlich auch, weil sie sich selbst so wenig ernst nimmt. Ich glaube, es hätte zum Problem werden können, wenn sie selbstverliebt gewesen wäre oder wenn sie mich mehr als Publikum denn als Freundin gewollt hätte.

Aber Franziska gibt mir nie das Gefühl, dass wir in unserer Freundschaft nicht gleichwertig sind. Sie schätzt meine Gegenwart genauso wie ich die ihre. So fällt es mir leicht, mehr das Gemeinsame als die Unterschiede zu sehen. Es verwundert andere, aber wir finden einen Ausgleich. Es ist keine aufgesetzte Balance der Sorte »Wenn sie hierin besser ist, dann bin ich aber hier erfolgreicher«, sondern ein tatsächliches Miteinander. Zugegebenermaßen, vielleicht will ich manchmal doch gern ein bisschen wie sie sein und meinen Wein nicht immer selbst bezahlen. Aber noch mehr will ich ihre Freundin bleiben. Das macht es am Ende gar nicht so schwer, mich gut mit ihr zu fühlen.

Was ich
heute
über
Freundschaft
denke

Je älter wir werden, desto mehr Geschichten
tragen wir mit uns herum. Wenn wir Glück haben,
machen sie uns offener und verletzlicher.

*Egal wie alt du bist: Es tut gut,
wenn dich jemand fest in den Arm nimmt,
wenn sich das Leben zuspitzt.*

Eine große Freundschaft darf sich auch einmal
klein anfühlen.

*Wenn wir Kinder bekommen,
wird uns das verändern.*

**Niemand entschuldigt sich gern.
Manchmal muss man es trotzdem tun.**

Wenn wir nur perfekte Menschen
als Freundinnen wählen würden,
wer würde uns wählen?

Freundschaften zu schließen ist ein Instinkt
und eine Fähigkeit, die man lernen und üben kann.

*Freundschaften werden jeden Tag geschlossen und
wieder getrennt. Sie sind vielleicht nichts Besonderes.
Außer, es sind die eigenen.*

Die Geschichte mit den E-Mails

Von: anne@postfürdich.de
An: corinneluca@siehabeneinemail.de
Betreff: Hallo …
Datum: Sa., 12. Dezember, 21:54

Liebe Corinne,
ich will ehrlich sein. Ich habe diese Mail schon viele Male begonnen. Ich habe mich hingesetzt, als ob ich mir sicher bin, was ich schreiben will. Aber das bin ich nicht, auch jetzt nicht. Ich bin mir nicht einmal sicher, ob du überhaupt eine E-Mail von mir lesen willst. Verdammt, ich bin nicht gut in so etwas. Ich schreibe dir, weil ich diese Nachricht zu lange vor mir hergeschoben habe. Und weil ich möchte, dass du es nicht von jemand anderem erfährst. Wir kommen nach Berlin zurück, Benjamin und ich.
    Anne

Von: corinneluca@siehabeneinemail.de
An: anne@postfürdich.de
Betreff: Re: Hallo …
Datum: So., 13. Dezember, 9:12

Liebe Anne,
danke für deine Mail. Ich weiß auch nicht, was ich schreiben soll. Ich hoffe, euch geht

es gut und ich hoffe, ihr freut euch zurückzu-
kommen.

Vielleicht alles Gute für den Umzug?
Corinne

Von: corinneluca@siehabeneinemail.de
An: anne@postfürdich.de
Betreff: 2. Versuch
Datum: So., 13. Dezember, 9:23

Entschuldige diese schrecklich nüchterne letzte
E-Mail. Kann ich von vorne anfangen? Ich freue
mich so, dass du mir geschrieben hast. Als ich
deinen Namen im Posteingang sah, konnte ich
es nicht glauben. Ich musste so oft an dich denken in den letzten Jahren. Wie schön, dass du
zurückkommst! Ich war feige. Wie oft habe ich
gehofft, dass du das Schweigen zwischen uns
brichst, aber es selbst nicht getan. Ich hoffe so
sehr, dass deine E-Mail eine ausgestreckte Hand
ist, wenn sie es nicht ist, dann ist es diese hier.
Ich habe versucht, mir zu sagen, dass Menschen
manchmal eben getrennte Wege gehen. Selbst
wenn sie die besten Freundinnen waren. Aber es
ist mir nicht gelungen, dich nicht zu vermissen.
Ich hätte gern so vieles mit dir geteilt. Das ist
meine umständliche Art zu sagen: Ich bin immer noch da. Und es tut mir leid.

Ich drücke dich.
Corinne

Die mit dem langsamen Weg nach Hause

Zwei Jahre lang haben Anne und ich uns nicht gesehen. Als wir uns wiederfinden, sind wir andere und doch die gleichen. Nach den E-Mails fangen wir an zu telefonieren. Im Januar zieht sie zurück nach Berlin. Wir treffen uns ein paar Mal, bevor wir einige Wochen später beim Shoppen in einer Umkleidekabine landen. Wir waren schon vorher zusammen in der Umkleide. Frauen haben die Umkleidekabine in Geschäften, Männer haben die Umkleidekabine beim Sport. Es ist Februar, die beste Zeit, um Berlin zu verlassen. Ich will in die Sonne fliegen und brauche einen neuen Badeanzug. Zuerst zögere ich, ob ich mit dem angezogenen Modell herauskommen soll. Ich würde nie vor einer Bekannten in einem Badeanzug, bei dem ich mir unsicher bin, aus der Umkleide kommen. Als Freundinnen führen Anne und ich aber ein wohltuend vertrautes Ritual auf. Wir teilen unsere Unvollkommenheit. Als Anne mein Zögern bemerkt, probiert sie auch schnell einen Badeanzug an. So stehen wir kurz darauf im grellen Licht der Umkleide voreinander. In einem Badeanzug, den wir beide nicht kaufen werden, weil er grauenvoll aussieht. Ein Badeanzug, zu dem wir der anderen immer die Wahrheit sagen würden. Natürlich sind es sanfte Worte der Entmutigung, die wir wählen.

»Für wen zum Teufel machen sie diese Dinger?«, fragt Anne lachend, wie sie es früher auch getan hat, wenn etwas schrecklich aussah. Freundinnen würden nie sagen, dass mit der Freundin etwas nicht stimmt. Freundinnen würden nie sagen, dass sie den gleichen Badeanzug gerade draußen auf dem Plakat gesehen haben und er dort ziemlich gut aussah.

Anne und ich hängen die Badeanzüge schließlich zurück und versichern uns, dass jeder Laden, der *damit* Umsatz machen möchte, zumindest so klug sein sollte, die Umkleiden ausschließlich mit Kerzen zu beleuchten.

Unsere Scherze sind zurück. Ein bisschen staubig sind sie geworden, aber noch voll einsetzbar. Sie lassen uns hoffen.

Manchmal finden wir in Gesprächen auch schon zurück zu den Überschriften, die unsere gemeinsamen Geschichten einkleiden: Kannst du dich noch an diese Frau im Supermarkt erinnern? Und an die Sache mit dem Eyeliner?

Nach dem Nachmittag in der Umkleide entspannt sich etwas in mir. Wir beide hätten uns wohl gern noch ein wenig im Zustand der neu gefundenen Unbeschwertheit angenähert. Es kommt aber anders.

Ich habe Benjamin erst einmal kurz gesehen, bevor der Anruf kommt, ob ich Anne aus dem Krankenhaus abholen kann. Kurz darauf gehe ich mit ihr durch den Nieselregen über den Parkplatz. Beide haben wir die Kapuzen tief ins Gesicht gezogen und atmen durch unseren Schal. Wir reden leise. Die Flusen sammeln sich in meinem Mund. Bis zu diesem Moment mit Anne im Regen denke ich nicht viel über Verlust nach. Ich verbinde Friedhöfe nur mit dem Gefühl der Sommer meiner Kindheit. Damals fährt am Abend immer noch jemand schnell mit dem Fahrrad die Gräber gießen, wenn die heißen Tage zu Ende gehen. Meistens bin das ich. Ich harke das Grab meines Opas, der lange vor meiner Geburt ging, sodass mir sein Verlust nicht präsent ist.

»Lass uns einen langsamen Weg nach Hause nehmen«, sagt Anne, als wir auf dem Krankenhausparkplatz ins Auto steigen. Wie die meisten Codes der Vertrautheit entzieht sich auch dieser Wunsch einer Übersetzung, die seine ganze Bedeutung erfasst.

»Lass uns den langsamen Nachtbus nach Hause nehmen«, hat Anne damals auch nach unserer ersten durchtanzten Nacht gesagt. Unsere Füße schmerzen, und wir binden in der Kälte an der Haltestelle schnell unsere Haare zusammen, die sonst wie ein eingeräucherter Vorhang vor dem Gesicht hängen würden. Der Geruch löst Unwohlsein in der Magengegend aus, wir haben zu viele Becks getrunken.

Der langsame Weg. Das bedeutet, ich möchte bei dir bleiben, bleib du bitte auch bei mir. So meint Anne es damals und so meint sie es jetzt. Also fahre ich zickzack durch die Straßen. Sorgfältig suche ich einen Weg, ohne eine Straße doppelt zu fahren, ich orientiere mich in der dunklen Stadt und rolle langsam an Ampeln heran, damit sie auf Rot springen können, um die Fahrt noch weiter zu verlängern.

Ich steige in dieser Nacht mit Anne aus, als wir schließlich vor ihrer Tür halten. Ich bleibe, weil ich weiß, dass die verlängerte Fahrt nicht genug ist. Weil ich da sein will, wenn Anne aufwacht oder wenn in der Nacht das Telefon klingelt. Benjamin wurde von einem Auto angefahren. Deswegen war sie im Krankenhaus.

»Wir müssen sehen, was die Nacht bringt«, hat der Arzt gesagt.

Am nächsten Morgen würden auf Anne mehr als nur Kopfschmerzen wegen eines Bieres zu viel warten. Dieses Mal würde es vermutlich nicht helfen, sich noch einmal umzudrehen, damit sie sich besser fühlt, wenn sie das nächste Mal die Augen öffnet. Ich weine in dieser Nacht mit Anne und spüre zum ersten Mal, was die unfassbare Leere eines möglichen Verlustes bedeuten kann, die sich genau dort einnistet, wo vorher eine selbstverständliche Fülle war. Eine Leerstelle, die für immer bei einem bleibt. Und doch ist in dieser Nacht auch etwas hinzugekommen. Ich bin wieder da. Wir haben uns wiedergefunden.

Freundschaft ist ein Verb, man tut es einfach. Auch deshalb bin ich in dieser Nacht bei Anne geblieben. Freundschaft ist kein Zustand, keine

Laune. Ihr muss man bewusst Platz in der eigenen Welt einräumen. Manchmal macht man Fehler, läuft gegen die Wand oder verliert den Kompass. Sich zu verzeihen heißt nicht, dass die Dinge aus der Vergangenheit unwichtig sind. Es war einfach, Anne zu vermissen, und am Ende war es auch nicht schwer, zueinander zurückzufinden.

Das Telefon klingelt nicht in dieser Nacht. Als Anne am nächsten Morgen auf der Intensivstation anruft, sagt man ihr, dass sie Benjamin besuchen könne. Er sei wach und habe nach ihr gefragt. Sie solle ein paar Sachen für ihn mitbringen.

»Wir müssen einen Umweg fahren auf dem Weg zum Krankenhaus«, sagt Anne kurz darauf zu mir am Frühstückstisch. »Wegen der Sachen«, fügt sie schnell noch hinzu. Ich schaue sie an und verstehe nicht.

»Es ist nicht mehr viel von ihm hier«, Anne macht eine Pause und schaut mich an. »Wir haben uns getrennt.« Da weiß ich, dass wir in Zukunft mehr denn je aufeinander aufpassen müssen.

Freundschaftswissen:
Tiefe Gespräche

Ungefähr 16 000 Wörter sprechen wir täglich, das entspricht etwa zwei Stunden ununterbrochener Unterhaltung. Worüber wir reden hat großen Einfluss auf unser Wohlbefinden – und mit wem. Im Gegensatz zu Gesprächen mit Fremden brauchen wir unsere Worte bei unseren Freundinnen nicht zu filtern. Je tiefer unsere Gespräche gehen, desto besser fühlen wir uns, das fand man an der Universität von Michigan heraus. Selbst wenn wir Probleme miteinander wälzen, steigt unser Progesteronspiegel, sodass Stress besser verarbeitet werden kann. »Don't worry, be happy!« gilt nicht für Freundschaften. Mit den richtigen Menschen hält das Sorgenteilen sogar gesund. Denn ein tief gehendes Gespräch stärkt das Immunsystem und die psychische Gesundheit, so das Ergebnis einer weiteren Studie an der Universität von Adelaide.

Die ohne »für immer und ewig«

Benjamin hat Knochenbrüche, Prellungen und einen Lungenriss. Er erholt sich gut in den kommenden Monaten, und mit seiner zunehmenden Genesung rückt die Trennung der beiden wieder in den Vordergrund. Benjamin will sich nicht trennen, und Anne will sich nicht umstimmen lassen. Es ist kein großer Knall, der die beiden auseinandergetrieben hat, sondern ein schleichendes Entfernen.

»Und die Erkenntnis, dass man vielleicht nie so eng beieinander war, wie man dachte«, sagt Anne.

Annes und meine Freundschaft begann wie viele andere ohne große Verantwortung füreinander. Das ist die angenehme Freiwilligkeit der Freundschaft. Man ist zusammen, weil man es möchte, und nicht, weil man es muss. Am Anfang gibt es kaum Zwänge, man fühlt sich zu nichts verpflichtet. Mit der Zeit dehnt man die Verantwortlichkeit aus. Man fängt an, zu geben und sich selbst zu nehmen, baut das Vertrauen in- und die Erwartungen aneinander Schicht um Schicht auf. Es gibt keinen Vertrag, der etwas festlegt. Aber nach und nach wird der Rahmen abgesteckt. Wenn eine Freundschaft zu Tiefe und Beständigkeit findet, wird die Freiwilligkeit wie selbstverständlich zur selbst auferlegten

Verantwortung. »Kann ich auf dich zählen?« ist dann keine rhetorische Frage mehr.

Es gibt nicht viele, die Annes Entscheidung nachvollziehen können, die sie nachvollziehen wollen. Nichts hilft einem besser, den Stempel als nettes Mädchen loszuwerden, als eine Trennung, die kaum jemand versteht. Anne zweifelt auch, und es ist ihr peinlich. Ihre Eltern haben die Hochzeit bezahlt. Soll sie ihnen anbieten, das Geld zurückzuzahlen? Die Geschenke heraussuchen und zurücksenden? Da war dieser große Tag, und alle waren da. Da waren die Blumen, die Tauben und das Gelübde und ihr langes weißes Kleid. Jetzt muss sie sich vor alle stellen und sagen: » Es tut mir leid. Ich dachte, ich wüsste, wer ich bin und was ich will, aber so war es nicht.«

Ich finde es mutig, was Anne tut. Und richtig. Ich weiß, dass sie sich fragt, ob sie einen Fehler begeht. Dass sie Angst hat, wieder allein zu sein, gescheitert und geschieden mit dreißig. Aber Mut geht nun einmal nicht ohne ein wenig Angst. Die Knie sind weich, das Herz rast, und trotzdem tut man es irgendwann und springt, weil man nicht anders kann. Auf die Plätze. Fertig. Los.

Anne denkt viel darüber nach, was ihre Familie, was ihre Bekannten und Kollegen jetzt von ihr denken. Alle lieben ein glückliches Ende. Und wo sollte das anders zu finden sein als bei einer Hochzeit? Alle wollen an die Liebe glauben und nicht an Komplikationen. Anne reißt den Vorhang herunter. Das gefällt nicht jedem.

»Menschen verändern und entwickeln sich«, versichere ich ihr. Manchmal gibt es eine Kluft zwischen der Geschichte, die wir gerne hätten, und dem, was wir erleben. Anne macht das nicht leichtfertig. Es ist eine schwere Entscheidung, ein Kapitel seines Lebens zu schließen, einen Partner zu verlieren, mit dem man einmal alt werden wollte. Auch wenn man es selbst beschlossen hat. Sie braucht nicht noch die Vorwürfe der anderen. Ich finde, sie muss niemandem erklären, wo es schiefging und was sie versucht hat. Ihr Stolz und ihre Ängstlichkeit haben sie lange genug festgehalten, während sie für eine Idee vom Glück kämpfte, ohne es zu leben. Es kann eine gute Wahl sein, einen anderen Weg einzuschlagen. Das wahre glückliche Ende ist manchmal, sich selbst einzugestehen, dass man falschlag und von Neuem zu beginnen. Ich weiß, dass es diese Wahrheit gibt, die nur Anne gehört, und dass sie nach ihr handeln muss. Ich schenke ihr eine Ausgabe von *Eat, Pray, Love*, koche Spaghetti und nehme sie fest in den Arm. Fast überrascht es mich, dass es keine Genugtuung für mich ist, dass diese Ehe auseinandergeht. Manchmal denke ich, es wäre besser gewesen, wenn es einen großen lauten Streit zwischen Anne und mir gegeben hätte. So haben wir einander langsam und stetig kleine Verletzungen zugefügt. Ich war neidisch, weil Anne so selbstverständlich und mühelos die nächsten Schritte ging und bei mir alles scheinbar immer unsicherer wurde. Anne wollte meine Anerkennung und Bestätigung und sie wollte, dass ich mich mit ihr freue. Stattdessen sah sie meine Zweifel, die auch sie wieder zweifeln ließen.

Annes Trennung lässt uns unsere gemeinsame Vergangenheit neu betrachten. »Weißt du, wann ich dich am meisten vermisst habe?«, fragt Anne gleich zu Beginn der Monate, die ihr so viel abverlangen. »Bei der Hochzeit. Ich kann mich an das Gefühl erinnern. Mein Kleid schnürt mich ein, an meinem Lidern kleben falsche Wimpern und auf meinen Fingernägeln falsche Nägel. Ich trage diese schrecklichen Schuhe und ich sage mir, dass alles genauso sein muss. Ich stehe dort allein und schaue in den Raum. Dann setzt die Musik ein, ich laufe langsam los und denke an dich. Daran, dass du mit mir in jede Richtung laufen würdest, wenn du da wärst, dass ich mich dann auch umdrehen und gehen könnte. Aber du warst nicht da. Ich habe dich nicht eingeladen, weil ich dachte, dass ich diese Ehe will. Und dass in dieser Ehe kein Platz für eine dritte Person ist. Schon gar nicht für eine, die Fragen stellt.« Ich glaube nicht, dass unsere Freundschaft an Annes Ehe zerbrochen ist, und ich sage es ihr genau so. Ich glaube, es hätte auch eine andere Krise sein können. Wir beide waren unsicher miteinander, weil wir unsicher mit uns selbst waren. Jetzt wissen wir besser, wer wir sind und was wir wollen. Diese Freundschaft gehört dazu, sie ist uns zu wichtig, wir haben sie zu sehr vermisst, um sie noch einmal aufs Spiel zu setzen. Ich finde es wichtig, ehrlich miteinander zu sein, weil es gerade erst losgeht. Unsere Leben würden sich noch einige Male verändern. Ich kenne bereits den Mann, den ich heiraten werde. Es liegt noch so viel vor uns. Neue Männer werden in unser Leben treten, Kinder vielleicht, andere Freudinnen und Kolleginnen. Anne und ich werden eine Gemeinschaft aus geliebten Menschen um uns haben, die wir alle brauchen. Genauso wie wir einander brauchen. Wir müssen einen Weg finden, nicht wieder wählen zu müssen. Unsere Freundschaft ist ein Bein eines dreibeinigen Hockers, der Partnerschaft und Familie mit einschließt. Wir beide wollen alle drei Beine vom Leben. Manche Veränderungen werden ein Bein verkürzen oder verlängern, dann brauchen wir eine neue Balance. Wir reden viel darüber, Anne und ich. Unsere Gespräche geben uns die Möglichkeit, uns neu zu ordnen.

»Ich glaube, du hast recht«, sagt Anne irgendwann. »Ich glaube, ich baue mir diese Geschichte, weil sie mich tröstet, weil sie mir das Gefühl gibt, dass ich mich selbst doch noch kenne, dass ich es wusste. Aber es stimmt nicht. Ich bin nicht an meinem Hochzeitstag aufgewacht und habe gewusst, dass es nicht funktionieren wird. Ich war verliebt und ich war froh über diese Ehe, froh, diese Lebensentscheidung von der Liste streichen zu können. Ich habe nicht daran gedacht, dass eine Ehe so viel mehr ist als der Hochzeitstag.« Annes Trennung hilft uns, die Fehler der Vergangenheit nicht zu wiederholen. Wir sind ehrlicher mit unseren Gefühlen, auch wenn sie Ärger und Wut über die andere beinhalten. Es ist eine Frage von Vertrauen, dass wir sie trotzdem äußern. Viele Frauen wollen zu oft immer nur nett sein, auch in Freundschaften. Sie sollen reibungslos und ohne Konflikte verlaufen. Ehrliche Beziehungen kommen aber nicht ohne Kratzer aus. Anne und ich gehen eigentlich ungern in die Tiefe. Vielleicht aus Angst, was wir dort finden könnten. Stattdessen ziehen wir uns zu oft in die Sicherheit der Oberflächlichkeit zurück. Aber es ist wichtig, diese Wutblitze zwischen uns auch zu entladen. Es ist nie ein riesiger Rucksack an Problemen, der eine von uns an der anderen stört. Es sind eher die kleinen Dinge. Aber diese Kleinigkeiten können eine Freundschaft mit der Zeit zersetzen. Wir haben kein fehlerloses System geschaffen, aber eine Methode gefunden, mit Spannungen umzugehen. Wir schleichen nicht mehr umeinander herum. Wir tasten uns vor und versuchen, Zuneigung auch mit Ehrlichkeit auszubalancieren. Aber wir diskutieren uns auch nicht zu Tode. Als zwei Frauen, die ihre Freundschaft aus gemeinsamen Gesprächen gebaut haben, wissen wir auch, dass nicht alles besprochen werden muss. Manchmal ist es wirklich keine große Sache. Ich glaube, man kann mittlerweile sagen, wir vertrauen unserer Freundschaft heute mehr, im Streit und in der Harmonie.

Die mit den Kindern

Es war nie eine schwer zu beantwortende Frage für mich, ob ich Kinder möchte. Ich habe keine Liste mit dem Für und Wider erstellt, keine Verhandlungen mit mir selbst geführt, nicht nächtelang Freiheit gegen Verantwortung abgewogen. Ich habe die Müdigkeit und die unendliche Liebe in den Augen der anderen gesehen und ich wusste es. Ich will Mutter sein. Und ich möchte eine Familie mit genau diesem Mann. Den, den ich liebe. Ich möchte es mit ihm erleben, unser Glück weiter teilen. Wir wollen Windeln wechseln und Klebehände putzen, Tränen trocknen und Schultüten tragen.

Das erste Mal ist es aufregend und komisch zugleich. Wir tun so, als wäre es das nicht. Ich kaufe einen ersten Schwangerschaftstest. Er ist negativ. Die ersten Monate vergehen. Das Spielerische am verheißungsvollen und regelmäßigen Sex verliert langsam seinen Reiz. Ich kaufe nicht mehr die teuren Tests mit dem Plastikmantel, ich kaufe die Teststäbchen im Dutzend, die Frühtests und die ab dem Fälligkeitstag der Periode. Negativ. Negativ. Ich mache die Tests mehrmals, am Morgen ist das Hormonlevel höher. Ich interpretiere die Schatten auf den Stäbchen. Aber da ist kein zweiter Strich. Auf der Suche nach Gemeinschaft gehe ich ins Internet. Schwangerschaftsforen sind mir neu, aber ich lerne ihre Wörter und Abkürzungen. Man übt und hibbelt für den KiWu, kennt die eigenen ZTs und LH-Werte, macht SSTs und hofft auf einen Bauchbewohner. In den Foren gibt es Hibbellisten. Auf ihnen stehen die Namen der Forumsmitglieder, deren Menstruation heute einsetzen sollte. Übungszyklus 1, Übungszyklus 4, 17, 22. Neben den Namen der Frauen gibt es eine kleine Uhr. Dann, nach ein paar Tagen, einen lachenden oder weinenden Smiley. Ich stehe auf keiner Liste, ich lese nur mit, lese die Geschichten von langsam vergehender Hoffnung, von Unterstützung und großer Freunde.

Ich bestelle einen Batzen Ovulationstests. Kurz stocke ich, als ich sie auspacke und das Gesicht des lachenden Babys auf der Packung sehe. Wann bin ich zu dieser Person geworden, bin ich diese Person? Ich überwache meinen Zyklus, installiere Apps und male Graphen auf kleinkariertes Papier in mehreren Farben. Ich gehe durch alle Stadien dieser scheinbaren Planbarkeit: Eifer, Langeweile und Verbitterung. Fruchtbarkeitskalender und Eisprungrechner, ich brauche die optimalen Tage für eine Empfängnis.

Die beste Chance, schwanger zu werden, ist an drei Tagen im Monat. An drei Tagen! Ich erinnere mich an den Sexualkundeunterricht in der Schule, an die *Bravo* und an unsere Gespräche mit vierzehn. An diese Angst vor einer ungewollten Schwangerschaft, als ob es uns jederzeit treffen könnte, wenn ein Junge uns nur ein

142

bisschen zu nahekäme. Jetzt wird mir auf einmal verraten, dass das Fenster, in dem etwas passieren kann, eher klein ist, winzig sogar. Die Wochen vergehen, und alles gewinnt an Absurdität. Meine Zyklusmessungen fressen meine Zeit. Ein gerade benutzter Ovaluationstest, triumphierend vor dem Gesicht des Partners geschwenkt, ist keine besonders einladende Aufforderung zum Sex.

Acht Monate sind seit unserem ersten Versuch vergangen, und Anne hat einen neuen Freund. Sie hält die Hälfte des Monats für mich die Finger gekreuzt. Irgendwann offenbart sie mir, dass sie es auch versuchen mit einem Kind. Meine Gedanken fahren Achterbahn. Das kann der Keil sein, der uns wieder auseinandertreibt. Was könnte uns mehr spalten? Was passiert, wenn wir beide ein Kind wollen und nur eine es bekommt? Kann man diese trennende Erfahrung, diese Enttäuschung jemals hinter sich lassen?

Ich hoffe, dass auch sie warten muss, dass es nicht gleich bei ihr funktioniert. Und schäme mich zugleich für diesen Gedanken. Aber ich könnte es nicht ertragen, wenn sie sofort schwanger wird. Der erste Monat bleibt auch bei Anne ohne positiven Test, und ich bin erleichtert. Zwei weitere Monate später ist sie schwanger.

Es fällt mir immer schwerer, mich mit meiner fruchtbaren Freundin zu unterhalten. Ein Kinderwunsch, der sich nicht erfüllt wie erhofft, ist eine besondere Form der Einsamkeit. Anne bemüht sich sehr. Wir reden viel und sind entschlossen, nichts zwischen uns kommen zu lassen. Wir haben noch nie darüber gesprochen, dass wir der anderen manchmal etwas nicht gönnen, bis auf ein paar flüchtige Scherze hier und da. Man fühlt sich in einer Freundschaft wohl, wenn alles gleich erscheint. Wir wünschen uns Symmetrie und reden gern über Gemeinsamkeiten. Konkurrenz und Eifersucht bedeuten Ungleichheit, Asymmetrie und eine Rangfolge. Es ist schwer für mich, das Ganze nicht als Gewinnen und Verlieren anzusehen. Aber ich brauche Anne jetzt auch, und sie macht es mir leicht. Sie hört zu, sie nimmt Anteil, sie ist da. Die Zeit vergeht. Über ein Jahr ist es her, dass alles begonnen hat. Anne ist im dritten Monat. Meine Ärztin rät mir immer noch, mich zu entspannen. »Denken Sie nicht so viel daran, dann klappt es schon«, sagt sie, als hätten Ei und Spermium einen direkten Draht in meinen Kopf und würden nur darauf warten, dass sich bei mir endlich zenartige Gelassenheit einstellt. Anne ärgert sich mit mir. Bei allem hier bin ich der Fehler. Es ist mein Verhalten, mein Körper. Wahrscheinlich ist es sogar genau so.

Ich suche mir trotzdem eine neue Ärztin. Sie macht mehr Untersuchungen, Scans und Blutabnahmen. Ich bin froh, dass etwas passiert, dass ich handeln kann, obwohl eigentlich nichts passiert. Mein Zyklus ist noch immer nicht regelmäßig seit dem Absetzen der Verhütung.

Ich weiß das bereits, ich habe die ganzen bunten Diagramme schließlich zu Hause.

»Es ist nichts Ungewöhnliches«, sagt die Ärztin. Mein Gebärmutterschleim ist dünn, aber nicht zu dünn. Ich bin auch nicht wirklich alt. Mir wird immer erzählt, dass ich jung für mein Alter aussehe. Aber trotzdem sinkt die Fruchtbarkeit spätestens ab dreißig.

Jeder Test bringt das gleiche Ergebnis: Ich bin eigentlich gesund, es ist eigentlich alles in Ordnung. Eigentlich. »Warten wir noch ab«, sagt auch diese Ärztin irgendwann. Die Schwester empfiehlt mir einen Achtsamkeitskurs oder Meditation. Man sagt mir, dass ich es übertreibe. Viele geben mir dieses Gefühl. Anne tut es nicht.

Ich gehe zur Akupunktur. Versuche, mich besser zu ernähren, mich zu entspannen. Wenn ich nur entspannter bin, gelassener, mütterlicher, eine andere als jetzt, mit einem anderen Körper, noch dickerem Schleim, befruchtungsfreudigeren Eizellen, keine Versagerin, dann würde es vielleicht funktionieren. Noch einmal gehe ich ins Fruchtbarkeitszentrum, und erneut wird mir klar, dass sie alle nichts wissen. Ich habe meine Graphen dabei, ich zeige sie diesem Arzt, wie ich sie bisher jedem Arzt und jeder Ärztin zeige. Sie werfen einen kurzen Blick darauf und geben sie mir lächelnd zurück.

Es gibt tausend kleine Faktoren, wenn es um die weibliche Fruchtbarkeit geht. Es ist alles ein großes Mysterium. Männliche Unfruchtbarkeit ist leichter zu behandeln. Bei Frauen machen sie einen Ultraschall und messen Werte und haben ihre Erfahrungen, aber eigentlich haben sie nichts.

Ich kann nicht mehr, ich will einen Grund, einen nachvollziehbaren Grund. Einen, über den ich trauern kann oder weitermachen, neu überlegen, etwas tun. Einen, der mich aus diesem unerträglichen Warten, diesem Nichtstun, befreit, aus der wiederkehrenden Enttäuschung jeden Monat, die ich dann zusammenkehre, um doch wieder ein bisschen Hoffnung daraus zu machen. Noch ein paar Monate, so alt bin ich noch nicht. Dann kann man über künstliche Befruchtung nachdenken.

Und dann bin ich schwanger. Auf dem Nachhauseweg von der Ärztin kann ich nicht aufhören, zu weinen und zu lachen. Zu Hause angekommen, schmeiße ich die Ovulationstests weg, ein Stapel an Plastikmüll. Anne ist inzwischen fast im achten Monat, neun Monate später wird meine erste Tochter geboren. Ich weiß nicht, was mit uns passiert wäre, wenn ich kein Kind bekommen hätte. Ich möchte denken, wir hätten es geschafft, wir hätten einen Weg gefunden. Vielleicht hätten wir ein Kind adoptiert, vielleicht wäre ich eine tolle Nur-Tante geworden. Eine, die das Kind von der Schule abholt und in der Pubertät am besten zuhört. Ich weiß, wie viel Anne mir bedeutet und ich ihr. Ich möchte glauben, wir hätten das Glück der anderen tatsächlich miteinander teilen können und es als das eigene angenommen. Aber ich werde es nie wirklich wissen. Und ich bin froh, dass es anders gekommen ist und wir es nicht herausfinden mussten.

Die mit den Müttern

Man sieht mir nicht an, dass ich schwanger bin, als Annes Sohn geboren wird. Wir haben keine gemeinsame Schwangerschaft, und als ich durch die Turbulenzen des ersten Babyjahres gehe, ist Anne beinahe wieder gelassen. Anne, mir immer einen Schritt voraus: eine schöne Situation für eine Zeit voller Fragen. Außerdem habe ich das Glück, einen kleinen Mütterclub kennenzulernen. Wir sind vier Bald- und dann Neumütter, die manchmal wie das Reh im Scheinwerferlicht in die neue Zeit mit Baby blicken. Wir verbringen Stunden miteinander vor den Kinderbetten, in Parks und in Cafés, während wir unsere Babys massieren, tragen, wackeln und herumschieben. Wir reden, stillen, weinen, lachen und vertrauen uns einander an.

Hannah lerne ich im Geburtsvorbereitungskurs kennen. Sechs Wochen lang versuchen wir, gut zuzuhören, ohne ständig in der hintersten Reihe zu kichern oder über die Fragen der Frauen in der ersten Reihe die Augen zu verdrehen wie Schulmädchen. Wir haben beide das Gefühl, dass wir das ganz gut hinbekommen werden. Frauen kriegen schließlich seit Jahrtausenden Kinder, und irgendwie hat es noch immer geklappt. Der leicht esoterisch angehauchte Kurs, in dem uns die Leiterin das Gefühl gibt, sie würde uns exklusiv die Geheimnisse des Universums verraten, ist für uns beide nicht ganz das Richtige. Nach dem Kurs treffen wir uns weiter, unsere Töchter werden im Abstand von fünf Tagen geboren. Das neue Leben ist nicht unbedingt schwer, aber auf jeden Fall sehr, sehr anstrengend. Obwohl wir auch nach unserem Kurs eigentlich noch Fremde sind, sprudeln die Geschichten aus Hannah und mir heraus, wenn wir uns mit den Neugeborenen sehen. Wir wollen die andere ausreden lassen, aber unterbrechen uns immer wieder. Es ist die Aufregung und die Freude, endlich jemanden wie man selbst neben sich zu haben.

Die ersten Wochen fühlen sich an, als hätte uns jemand in einem fremden Land ausgesetzt, ohne dass wir die Kultur kennen oder die Sprache können. Wir stolpern durch unsere Tage und sind froh, dass eine andere Reisende auftaucht. Unsere beiden Kinder sind schlechte Schläfer. Nachdem wir eine Zeit lang sämtliche Walgesänge, Unter-dem-Bett-Wackelfüße, Vibrationskissen und Kuscheltaktiken ausprobiert haben, die der Markt zu bieten hat, fassen wir einen Plan: Im Auto schlafen die Kleinen doch immer gut. Ein Großteil meines Elterngeldes ist vermutlich in die auf diese Erkenntnis folgenden Fahrten geflossen. Mehrmals die Woche lassen wir stundenlang Kilometer um Kilometer auf der Autobahn hinter uns, ohne dass wir ein Ziel haben. Wir rollen dahin, nur unterbrochen von ein paar Staus und sehr schnell absolvierten Tankstellenbesuchen, damit die Babys bloß nicht aufwachen. Wir hören unzählige Hörbücher, wenn nicht gerade die eine ebenfalls wegdöst, während die andere fährt. An den Tankstellen wechseln wir meistens.

Wir erzählen niemandem davon, vielleicht weil wir wegen unserer Methode ein schlechtes Gewissen haben. Wie lange wir so herumfahren, weiß ich gar nicht mehr, aber es war lange genug, dass sich Erfolge einstellen konnten. Unsere bleierne Müdigkeit lässt nach, und wir unterhalten uns auch mal während einer Fahrt. Dann kommen die Babys in die Phase, in der zu viel Schlaf am Tag den Nachtschlaf verhindert, und wir sind gezwungen, wieder auszusteigen.

Sarah wohnt im Haus gegenüber, wir sind Nachbarinnen, aber haben nichts miteinander zu tun. Ich kenne sie vom Sehen und merke lange nicht, dass sie überhaupt schwanger ist. Sarah ist eine dieser beneidenswerten Frauen, die auch im neunten Monat noch aussieht, als hätte sie sich einfach nur dekorativ einen Fußball unter den Pulli geschoben. Wir kommen ins Gespräch, als wir uns doch einmal auf die Bäuche blicken und finden heraus, dass unser errechneter Entbindungstermin nur ein paar Tage auseinanderliegt.

Das nächste Mal sehen wir uns tatsächlich im Krankenhaus, als wir beide schwer atmend den Flur entlanglaufen, und dann wieder im Wickelzimmer auf der Station. Da trauen wir uns nicht, uns mehr als alles Gute zu wünschen. Wir sind beide zu schüchtern. Vielleicht würde es die andere als unangemessen empfinden, wieso sollte man sich anfreunden, nur weil man zufällig zur gleichen Zeit ein Kind bekommt und im Haus gegenüber wohnt?

Irgendwann wuchten wir aber doch zur gleichen Zeit den Kinderwagen aus dem Hausflur und laufen los. Ich drehe mich um und lächele Sarah an, sie schließt auf, und von diesem Tag an gehen wir meistens zusammen spazieren. Die räumliche Nähe macht es uns einfach. Wir springen einfach zwischen den Wohnungen hin und her, sehen uns schon morgens, bevor die Sonne aufgeht, ungewaschen und voller Milchflecken, und klingeln auch um sechs noch einmal, wenn der Abendwahnsinn einsetzt. Wir bringen uns übrig gebliebene Portionen vom Essen, wenn wir es schaffen zu kochen; wenn nicht, teilen wir Tüten voller Salzbrezeln. Mit Sarah brauche ich keine Verabredungen, wir kommen einfach vorbei. Wir sind beide gerne zu Hause, immer in der Nähe von Babys Bett und dem eigenen. Einmal melden wir uns trotzdem beim Babyschwimmen an. Der einstündige Babyschwimmkurs füllt auf einmal unseren ganzen Tag. Erst uns selbst und das Baby anziehen, dann wickeln, füttern, Sachen packen, Schlafenszeiten um den Kurs planen, das Baby warm einpacken, sanft in den Kindersitz zwingen, und dann beginnt erst der Kurs! Trotz der Strapazen bleibt der versprochene stundenlange Schlaf des Babys nach dem Schwimmen bei uns leider aus. Stattdessen sind wir hunde-müde und gehen bald nicht mehr regelmä-ßig hin.

Janine lerne ich in einer Probestunde beim Schwangerenyoga kennen, bei der wir beide falsch sind. Der gegenüberliegende Bäcker fühlt sich richtiger an, und wir tauschen nur ein paar höfliche Anekdoten aus, bevor sie mir erzählt, wie lange sie gebraucht hat, um schwanger zu werden. Wir teilen miteinander nicht nur die Freude über diese Schwangerschaft, sondern auch das Wissen um ihre Einzigartigkeit, ge-paart mit einer Furcht, die nie ganz vergeht, bis das Baby auf der Welt ist. Als unsere Töchter geboren werden, treffen wir uns weiter, zu lan-gen Spaziergängen im Park oder manchmal im Kindercafé in der Nähe von Janines Wohnung.

Zuletzt sind wir alle am zweiten Geburtstag meiner Tochter zusammen. Schon eine Weile ha-ben wir uns voneinander entfernt. Es klingt dra-matisch, wenn ich es jetzt so aufschreibe, aber das war es nicht. Hannahs und meine Autofahr-ten sind am zweiten Geburtstag lange vorbei, Sarah ist irgendwann kurz vor Ende des ersten Lebensjahres weggezogen, und Janine und ich schauen unser tägliches Wunder selbstverständ-licher an. Wir sind Freundinnen, gewachsen aus der Nähe und der Gleichzeitigkeit unserer Lebensumstände. Wir haben uns beigestanden und verhindert, dass wir in diesem ersten Jahr der allumfassenden Veränderung unseren Verstand und unseren Humor verloren. Unsere Zeit war intensiv und unsere Freundschaft echt. Sie wurde entfacht aus einer unausweichlichen Verbundenheit, genährt von einer unmittelbaren Vertrautheit, und sie brannte so lange, wie wir sie brauchten, bis sie begann, nur noch zu flackern.

Freundschaftswissen: Kinderknick

Kaum ein Lebensereignis beeinflusst unsere Freundschaften so stark wie die Familiengründung. Die amerikanische Zeitschrift *Child* befragte tausend Eltern. Während rund 70 Prozent der Frauen vor dem ersten Kind zufrieden mit ihren Freundschaften waren, waren es nur noch 54 Prozent nach dem ersten Jahr mit Kind. Ebenso verringerte sich die Zeit, die für Freundschaften aufgewendet wurde. Bevor sie Mutter wurden, standen Frauen rund acht Stunden die Woche in Kontakt mit ihrer besten Freundin, danach waren es noch rund zwei. 45 Prozent der befragten Frauen gaben zudem an, ein Jahr nach dem ersten Kind weniger Freundschaften als vorher zu pflegen.

Die mit der Stärke

Als ich die Nachricht erhalte, liege ich seit Tagen mit einer Erkältung im Bett. Um mich herum haben sich Taschentuchberge aufgetürmt. Meine Nase läuft, und mein Kopf dröhnt, ich kann nicht lesen, nicht Radio hören und nicht fernsehen. Wenn ich aufstehe, tut jeder Schritt weh. Ich beschwere mich, wimmere und verfluche den Virus, der mich in diesen Zustand gebracht hat. Ich kann es nicht ausstehen, krank zu sein. Ich werde mürrisch und nörgelig, wenn ich gezwungen bin, mich auszuruhen. Ich ärgere mich über die verlorene Zeit und die unerledigten Dinge. »Ich habe für so etwas keine Zeit«, denke ich und schimpfe auf meinen Körper, der mich hier gerade im Stich lässt.

Es ist das Piepen des Handys, das mich aus meinem Dämmerschlaf reißt. Natürlich liegt es am anderen Ende des Zimmers! Ich setzte mich langsam auf, um nach ihm zu angeln. Die Nachricht ist von einer Nummer mit englischer Vorwahl. Lauren schreibt mir. Holly ist gestorben.

Meine Augen füllen sich mit Tränen. Sie laufen über mein vom Fieber erhitztes Gesicht. Ich denke an den Tag, an dem ich Holly zum ersten Mal traf, bei dieser skurrilen Auswahlzeremonie. Wie ich versuche, mich mit ihr zu unterhalten, obwohl mir noch so viele Worte der fremden Sprache fehlen. Ich sehe sie mir gegenüber am Tisch sitzen, sehe sie in der Küche stehen und Käsesandwiches machen. Ich denke an unsere Wochenenden auf dem Sofa, wie sie einmal dieses Mädchen mit der Zigarette im Mund und den großen goldenen Kreolen in den Ohren fast verprügelt hätte, weil sie Celine im Club immer wieder anrempelte, bis diese das Gleichgewicht verlor und zu Boden fiel. Das einzige Handgemenge zwischen Frauen, das ich jemals beobachtet habe, mit einer Mischung aus Schock und Bewunderung für Hollys Mut und ihre Loyalität.

»Holly is a strong ass bitch«, sagt Lauren. Ich erinnere mich, wie sie auf der Straße mit mir tanzt. Ein verrückter Tanz, der uns beide schwindelig macht, mit lautem Singen und Hüpfen und Lachen, bis unsere Wangen rot und unsere Gesichter heiß sind.

Zuletzt habe ich sie auf den Fotos von Laurens Hochzeit tanzen gesehen, mit einem Lachen im Gesicht und ihrem Freund im Arm. Ein paar Wochen später erhielt ich den Anruf. Lauren zögert nicht, ihre Stimme ist fest. »Brustkrebs«, sagt sie »Ich rufe gerade alle an.« Da ist Holly gerade 28.

Wir haben dann immer über die Zeitschiene gesprochen, Lauren und ich. Die Zeitschiene, im nächsten Jahre ist es bereits vorbei. Es sieht gut aus, keine Notwendigkeit für Tränen, im nächsten Jahr ist Holly wieder in der Spur, zurück im Plan.

Das nächste Jahr kommt, und es sieht gut aus. Ich telefoniere jetzt auch ein paarmal mit Holly selbst. »Sie ist ganz ruhig«, denke ich, »sie ist da einfach durch.« Wir haben es gewusst, die Zeitschiene, nur ein Jahr, dann ist es vorbei.

Ein paar Monate später ist der Krebs wieder da. Lauren gibt mir Bescheid. Ich bin wütend. Holly muss es auch gewesen sein, aber sie lässt es sich nicht anmerken. Lauren hält uns alle auf dem Laufenden. Sie erzählt mir, dass sich Holly um ihren Freund sorge, er sei verzweifelt. Was soll er tun, wenn sie nicht mehr da ist? Holly ist selbstlos und sehr verliebt.

Weitere Monate vergehen, ich überlege, ob ich sie besuchen soll. Ich will ihr zeigen, dass sie nicht allein ist, aber ich habe auch schreckliche Angst, sie so zu sehen. Und ich fürchte mich vor dem Fliegen im letzten Drittel meiner Schwangerschaft. Ich zögere zu lange. Es dürfen nur noch Familienangehörige zu ihr. Das letzte Mal, als ich mit Lauren rede, erzählt sie mir, dass es noch ein paar Medikamente gibt, die sie gegen die Schmerzen ausprobieren wollen. Die Ärzte versuchen es weiter, sie werden es bis zum Ende versuchen.

»Sie weint immer noch nicht«, sagt Lauren zu mir. »Sie plant, sie ist so stark. Sie hofft, dass sie es noch einmal hier rausschafft, dann will sie nach Bath fahren, raus ans Meer. Vielleicht schafft sie es; wenn es eine schafft dann sie. Vielleicht geht es ihr in den nächsten Wochen ein wenig besser mit den neuen Medikamenten. Wir müssen sehen.« Ich schaue doch nach Flügen. Lene und Celine wollen auch kommen.

Wir kommen schließlich alle. Wir laufen den staubigen Friedhofsweg entlang, nehmen ihren Freund in den Arm, wünschen ihrer Familie Beileid und weinen um sie. Es ist alles unwirklich, unfassbar. Celine und ich haben kleine Kinder auf dem Arm und Lene eines an der Hand. Ich denke, dass es nicht möglich ist, dass alles, was Holly war, in dieses kleine Gefäß passt, als sie die Urne herablassen. Sie könnte nicht einmal einen Bruchteil ihrer Stärke fassen. Die Viruserkrankung, die mich so geärgert hat, als ich von ihrem Tod erfuhr, ist lange ausgeheilt. Ich stehe voller Ehrfurcht vor ihr. Ich weiß nicht, wie sie so stark sein konnte.

Es wäre ein schönes Ende, wenn ich sagen könnte, dass ich selbst stärker geworden bin durch Hollys Geschichte. In Wahrheit bin ich immer noch eine schrecklich nörgelige Kranke. Ich bin nicht stärker geworden, eher ängstlicher. Und dankbarer, dankbar für alles, was ich habe. Dankbar, Holly gekannt zu haben, dankbar, dass ich einen kleinen Teil ihres Lebens mit dieser liebenswürdigen, ehrlichen, lustigen und unglaublich starken Person verbringen durfte. Ein Jahr haben wir unter dem gleichen Dach verbracht, und ich sehe sie heute noch manchmal mit mir tanzen, wenn ich mit den Kindern die Musik anstelle. Ich weiß, was sie sagen würde: »Gut so, Corinne, lebe, nörgele nicht, sei stark. Wir haben alle nicht genug Zeit, um uns selbst leidzutun.«

Die mit dem Zoobesuch

Dieses Mal wird uns keine Flasche Wein an den Tisch geschickt, man trägt uns nicht ungefragt die Koffer zum Hotel, Franziska und ich verabreden uns im Zoo. Ich will ihr zeigen, dass ich nicht nur Mama, sondern immer noch Corinne bin, auch nach dem zweiten Kind. Ich bin keine, die nur noch für die Kinder da ist, die nicht mal Zeit für einen Kaffee hat. Ich habe mich nicht verändert, habe noch all meine Träume und Ambitionen. Ich werde bald wieder durchstarten.

Ich komme zu spät. Kurz bevor wir loswollen, muss ich noch einmal die Windeln des Babys wechseln. Franziska wartet schon am Eingang. Sie sieht, wie ich einparke, und kommt zum Auto gelaufen.

»Entschuldige«, sage ich, »das passiert mir sonst nie.« Ich streiche mir eine fettige Haarsträhne aus dem Gesicht, lasse die Vierjährige aussteigen und versuche, die Babyschale aus dem Wagen zu heben, ohne das Baby aufzuwecken und den anderen Wagen zu zerkratzen. Es wäre nett, wenn mir jetzt jemand die Tür aufhält.

Kurz darauf steht der Kinderwagen. Wir sind erst eine Viertelstunde gelaufen, da bekommt die Vierjährige schrecklichen Hunger. Ich versuche, sie mit Apfelschnitzen und Salzbrezeln zu beruhigen, aber sie will die versprochenen Pommes. Es ist erst kurz nach elf. Wir setzen uns in Richtung Zoorestaurant in Bewegung. Ich werfe Franziska einen entschuldigenden Blick zu.

»Okay für dich?«, frage ich eher rhetorisch.

»Also Pommes esse ich jetzt nicht«, sagt sie.

»Wir können nur einen Kaffee trinken«, versuche ich zu beschwichtigen.

Trotz der frühen Uhrzeit ist im Restaurant schon viel los. Neben uns lärmen Kinder, zwei spielen Fangen zwischen den Tischen. Die Vierjährige bestellt eine große Apfelschorle, ich gebe der Kellnerin gestikulierend zu verstehen, dass wir nur eine kleine wollen. Die Pommes kommen schnell. Franziska und ich fangen an zu reden. Der Vierjährigen ist langweilig. Sie fängt an, mit dem Ketchup ihr Plastiktablett zu bemalen, als wäre es Fingerfarbe. Dann ist das Baby wach. Ich hole es heraus. Während ich versuche, das Gespräch mit Franziska am Laufen zu halten, beruhige ich das Baby möglichst beiläufig und antworte der Vierjährigen. Auf keinen Fall will ich Franziska das Gefühl geben, dass ich nicht ganz bei ihr und unserer Unterhaltung bin.

Das Baby beruhigt sich nicht wirklich auf meinem Schoß. Es kommt mit jeder neuen Verrenkung meiner Kaffeetasse erschreckend nahe. Ich schaffe es trotzdem irgendwie, weiter sinnvolle Antwortsätze für Franziska zu finden. Fast wie eine Erwachsene, die einfach nur einen Kaffee trinkt. Die Vierjährige muss auf die Toilette.

Ich will Franziska das Baby geben. Es weint, und sie schaut irritiert. »Kannst du mitkommen und es nur kurz vor der Toilette halten?«, bitte ich sie.

In der Kabine erklärt die Vierjährige detailliert, was sie gerade tut. Franziska steht mit dem weinenden Baby davor und versucht zu lächeln, als wir wieder auftauchen. Jetzt ist das Baby richtig sauer. Ich kann mich nicht mehr hinsetzen und wackle mit ihm auf dem Arm an der Längsseite unseres Tisches auf und ab, stecke mir immer mal wieder eine Pommes vom Teller der Vierjährigen in den Mund, weiche anderen Kindern aus und tue so, als würde ich ein Gespräch wie früher führen. Es ist grotesk. Dann hat die Vierjährige keinen Hunger mehr.

»Lass uns rausgehen«, sagt Franziska fast erleichtert.

»Gleich«, antworte ich. »Ich glaube, das Baby will trinken.« Ich bin ganz geübt im Stillen, schiebe meinen Pullover hoch, öffne den Still-BH und lege das Baby an, ohne dass meine Brust wirklich zu sehen ist. Dann dreht das Baby nach drei Schlucken den Kopf weg und schaut nach den lärmenden Kindern. Meine Brust liegt brach. Eine kleine vom Baby gerade angeforderte Milchration spritzt auf den Tisch. Franziska reißt erschreckt die Augen auf und blickt sich um. Ich ziehe das Baby wieder heran und hangele nach einem Tuch für den Tisch. Zum Abschied vom Restaurant schubst die Vierjährige noch den Rest Apfelschorle um und will auf dem Weg nach draußen unbedingt ein Eis. Ich habe keine Lust auf Diskussionen und kaufe es ihr.

»Na ja«, sagt Franziska trocken. »Sie hat ja gesund gegessen.« Das Baby weint wieder, als ich es in die Schale legen will, also hangele ich nach der Trage. So wackle ich mich, den Kinderwagen mit einer Hand schiebend, weiter vorwärts, vorbei an den Affen und Löwen. Nebenbei halte ich die Hand der Vierjährigen, die auf der Beetkante balanciert. Sie ist lieb und hört still unserem Gespräch zu. Franziska erzählt fluchend von einer Arbeitskollegin und fragt wenig. Wir schlagen auf unserem Weg durch den Zoo ein paar Haken.

»Hier waren wir schon. Wo wollen wir hin?«, fragt Franziska die Vierjährige ungeduldig. Die möchte jetzt zum Puppenspiel, das gleich in einer Ecke des Zoos beginnt. Wir stellen uns in die Schlange. Die Handlung ist dünn und eigentlich nur Kulisse für die Schilder, die die Handpuppen nach oben halten. Sie fordern die Kinder zum Buhen, Schreien, Klatschen und mit den Füßen Trampeln auf. Franziska rutscht unruhig auf der Bank hin und her. Als das Stück zu Ende ist, besuchen wir noch die Braunbären. Das Baby will wieder trinken. Ich bleibe auf einer Bank in der Nähe des Geheges zurück, die Vierjährige nimmt Franziskas Hand und geht mit ihr näher heran. Ich atme tief durch, es tut gut zu sitzen. Da höre ich die Vierjährige Franziska fragen, ob das der Penis des Bären sei. Ich schaue erschreckt auf. Ja, das ist er, groß und deutlich. Franziska antwortet nicht und kommt schnell zurück.

»Ich glaube, so schnell kommst du nicht mehr mit uns in den Zoo, oder?«, frage ich sie zum Abschied.

»Ach«, antwortet Franziska »hat doch Spaß gemacht.« Seitdem haben wir uns nicht mehr gesehen.

Die mit Pauline und den Unterschieden

Meine Kinder lieben Pauline seit ihrer Geburt. Wenn sie zur Tür hereinkommt, werfen sie sich in ihre Arme. Es erstaunt mich immer wieder, denn sie sehen sie nur alle paar Monate, weil sie nicht mehr in Berlin lebt. Es ist, als würden sie meine Gefühle für sie spüren und die Liebe, die Pauline für sie hat.

Schon im Buchclub erzählte sie, dass sie keine Kinder möchte. Pauline trinkt auch weiterhin keinen Alkohol. Ich vertrage ihn zwar immer noch nicht, aber liebe mein Glas Wein am Wochenende oder zu einem guten Essen. Pauline bleibt bei ihren Entscheidungen. In unserer feministischen Phase werfen wir unsere Rasierer in den Mülleimer. Ich fische meinen bald wieder heraus und unterwerfe mich (aber mit Schuldgefühlen!) dem unterdrückenden Schönheitsideal, das nur Haarlosigkeit attraktiv findet. Pauline trägt zu meiner Hochzeit ein ärmelloses Kleid und quittiert den Kommentar meines pubertierenden Cousins, dass sie wohl zwei Hamster unter den Armen hereingeschmuggelt hat, mit einem Lächeln. Ihr Kleidungsstil ist zeitlos. Sie sieht in Kleidern wunderbar aus. Ab und zu komme ich vom Shoppen mit einem Kleid nach Hause, das ich dann doch wieder zu oft im Schrank hängen lasse, weil ich mich in

Jeans wohler fühle. Pauline kennt sich mit dem Weltgeschehen aus. Sie hat eine gut begründete Meinung zu vielen Themen. Wenn sie argumentiert, möchte man mitschreiben. Ich schlage mich mit einer Wochenzeitung, Deutschlandfunk im Auto und gefährlichem Halbwissen durch. Bei mir sterben alle Pflanzen. Ich gehe in eine Gärtnerei, kaufe die, die am schönsten aussehen, schleppe sie dorthin, wo sie am besten passen, kreuze die Finger und vergesse, sie zu gießen. Pauline lebt in einer grünen Oase. Sie weiß, wie man Orchideen wässert, was Cycassen sind und verschneidet liebevoll Farne. Grünes mag sie auch gern im Essen. Pauline isst gern Salat und sehr viel Gemüse. Als ich noch keine Kinder hatte, kann sie sich köstlich darüber amüsieren, dass ich mich eigentlich nur von Käse ernähre. Seit ich Kinder habe, verberge ich das natürlich. Ich bin ein bisschen wie Pauline und kaufe und verarbeite sehr viele, sehr grüne Bioprodukte (die ich dann gern mit viel Käse überbacke). Pauline und ich finden beide einen nach Farben sortierten Bücherschrank wunderbar. Nur Pauline hat einen. Sie verbraucht sehr wenig Plastik und weiß alles über ihren CO_2-Fußabdruck. Pauline fällt es nicht schwer, Ordnung zu halten. Ich liebe große Schränke, in denen ich Dinge verschwinden lassen kann wie Siegfried und Roy. Wenn Pauline zu Besuch ist, ärgert sie mich damit, dass sie sich vor einen stellt und nach der Schranktür greift, um dann auf mein erschrecktes Gesicht zu warten. Sie hat aber noch nie tatsächlich einen geöffnet. Pauline ist ehrlich und geradeheraus. Ich werde immer noch schnell nervös, wenn ich neue Menschen kennenlerne, obwohl ich es mittlerweile gut überspielen kann. Meistens erzähle ich trotzdem ziemlich viel Quatsch.

Pauline ist anders als ich, aber wir wissen beide, wie wichtig es ist, manchmal einfach da zu sein und mehr zu geben als nur Mitgefühl. Auch wenn es ungelegen kommt und gerade nicht in den eigenen Plan passt. Aufzutauchen, die Kinder ins Bett zu bringen, den Hund auszuführen, den Kühlschrank zu füllen, das Gespräch zu begleiten, einfach, weil man gebraucht wird, das können wir. Und wir können die Hilfe der anderen annehmen, weil wir niemals das Gefühl haben, Schulden zu machen.

»Das zwischen uns, das ist eine freiwillige Beziehung zweier unabhängiger und doch miteinander verbundener Frauen«, sagt Pauline. Ich sage: »Wir sind Freundinnen.«

Freundschaftswissen:
Schmerz, lass nach

Wer stabile Freundschaften hat, dem fällt es leichter, körpereigene Endorphine auszuschütten, um zum Beispiel Schmerz besser auszuhalten. Katerina Johnson befragte 2016 in einer Studie (»Freunde können wie Morphium wirken«) an der Universität von Oxford die Teilnehmenden zunächst nach ihren Beziehungen und ließ sie dann Kniebeugen machen. Wer seine Freundschaften als erfüllend beschrieb, hatte eine höhere Schmerztoleranz als Menschen, die angegeben hatten, keine erfüllenden Freundschaften zu haben. Ihr Schmerzempfinden war sogar niedriger als das von viel sportlicheren Teilnehmern. (Die übrigens in der Studie weniger häufig von erfüllenden Freundschaften berichteten als nicht so fitte Probanden. Vielleicht, weil sie weniger Zeit haben, ihre Freunde zu sehen, wenn sie viel Sport machen, mutmaßte Johnson.)

Die mit der Krise

Das Schlimmste kommt immer dann, wenn man nicht damit rechnet. Niemand warnt einen vor. Schicksalhafte Ereignisse kündigen sich nicht lautstark an, sie kommen unbemerkt unter den gewöhnlichsten Umständen. Es gibt keine unheilvolle Musik wie im Film, die uns die Ereignisse vorausahnen lässt. Die meisten Menschen machen nichts Besonderes, wenn die sorgsam aufgerichteten Karten ihres Lebens in sich zusammenfallen. Man wird das Auswahlsystem des Schicksals nie verstehen und braucht keine Zeit darauf zu verschwenden, herausfinden zu wollen, wann der eigene Name aus dem Hut gezogen wird. Man kann nur hoffen, irgendwann eine merkwürdige Erleichterung darin zu finden, dass solche Dinge manchmal einfach unausweichlich passieren.

Alles, was in den Monaten nach der schweren Erkrankung meines Vaters passiert ist, erscheint mir heute seltsam unwirklich. Als habe jemand, der ich einmal war, es mir erzählt. Die Erinnerung an einzelne Tage verblasst bereits, vielleicht ist es besser so. Aber ich weiß noch jedes Detail von der ersten Rückfahrt aus dem Krankenhaus. Als wir dachten, wir hätten uns gerade verabschiedet. Dabei haben wir unter Tränen gar nichts sagen können, als die Ärzte zu laufen begannen und sich die Tür der Intensivstation hinter ihm schloss. Die Gegenwart meines Vaters ist für mich selbstverständlich, unhinterfragt und ohne Alternative. Dass er irgendwann nicht mehr da sein könnte, ist nur eine theoretische Wahrscheinlichkeit, verschoben an den äußeren Rand meines Lebens. Bis jetzt.

Es ist Februar in einem nicht enden wollenden Winter; ein Tag, an dem kurz nach Mitternacht die Temperatur noch einmal fällt und sich der Regen in Eishagel verwandelt, als ich das Auto unter Tränen zurücksteuere. »Was für ein Tag, was für ein Wetter, das du dir da ausgesucht hast, Papa«, denke ich, als wir durch die Kälte fahren. Es scheint mir auf einmal doch alles wie in einem Film, in dem sich die Kulisse der Handlung anpasst.

Wir erhalten nicht die Schlimmste aller Nachrichten, aber wir werden Dauerbesucherinnen der Intensivstation. Es wird alles zu einer traurigen und kräftezehrenden Routine, das Desinfizieren der Hände, der bange Blick auf die Monitore, in die Gesichter der Schwestern, Pfleger und Ärzte. Es ist die bisher schwerste Zeit meines Lebens, die traurigste und die, die mir am meisten abverlangt. Jeder Moment ist mit Anspannung gefüllt. Auf die Frage von anderen, wie es mir geht, antworte ich: »Geht schon, muss ja.« Viele wissen es besser. Ich höre in dieser Zeit viele Geschichten, blicke tiefer in die Herzen von Freunden und Bekannten. Es ist, als wären wir alle eine schweigende Allianz, bis wieder jemand hinzukommt. Dann erzählen auch die anderen. Ich musste erst an diesen Punkt kommen, um zu begreifen, dass jeder von uns Schmerz in sich trägt. Bei manchen ist er sichtbarer und bei anderen nicht. Ich erkenne, dass das, was mir gerade passiert, auch anderen widerfährt. Das ist das Furchtbare und das Lindernde zugleich. Dass das Leben Prüfungen bereithält, dass schmerzhafte Ereignisse nicht selbstverständlich sind, aber doch allgegenwärtig und dass es gelingen kann, sie einzuweben in die eigene Existenz. Ich erkenne es, und diese Erkenntnis tröstet.

Durch die Tage muss man trotzdem allein. Und durch die Feststellung, dass das Leben vieler anderer weiterläuft wie bisher. Ich kann die Krankenhauskantine kaum ertragen, in der auch die Ärzte mit Selbstverständlichkeit essen, die gerade noch mit uns geredet haben. Natürlich, warum sollten sie auch nicht. Manchmal spüre ich trotzdem, wie die Wut in mir aufsteigt. Wie kann das sein, dass sie hier so unbekümmert sitzen und einfach so die Teller leeren, dass sie lachen und die Hände zusammenschlagen, wenn jemand etwas erzählt, das doch gar nicht komisch sein kann? Nicht jetzt zumindest. Die Wut ist da, weil ich müde bin. Sie und die Hilflosigkeit kenne ich mittlerweile besser als mich selbst.

So verstreichen die Monate, und dann ist dort doch ein sanftes Zeichen wie ein leiser, tiefer Ton. Ich habe lange Angst, meinen Vater doch noch zu verlieren. Es ist zu früh, ich habe doch gerade erst mit dem richtigen Leben begonnen, seine jüngste Enkeltochter ist gerade zwei. Da ist noch so viel, was er sehen muss. Ich finde doch gerade erst heraus, wer ich wirklich bin.

Die Zeit verstreicht, aber sie heilt gar nichts. Manchmal will der Schmerz nichts davon wissen, dass er angeblich irgendwann vergeht. Wir dürfen die Hoffnung nicht verlieren. Auf die verlorene Hoffnung folgt die Trauer, und wir wollen nicht trauern, bevor wir es nicht müssen. Aber es schmerzt.

Ich weiß nicht, ob es stimmt, dass Krisen einen Menschen tatsächlich verändern. Ich merke aber in diesen kaum zu ertragenden Tagen, Wochen und Monaten, dass ich eine Armee hinter mir habe. Eine Armee aus Familie, aus sehr guten Freundinnen und guten Bekannten, aus Nachbarn und völlig Fremden, die Anteil nehmen. In dieser Zeit, in der mir klar wird, dass jetzt wohl der Abschnitt beginnt, in dem geliebte Menschen alt werden, bin ich nicht allein. Menschen reichen dir Essen auf einem Teller und geben dir eine Gabel in die Hand, sie gießen dir einen Schnaps ein. Sie kommen zu dir nach Hause mit Einkaufstüten voller Milch und Taschentücher und Tomaten, voller Dinge, von denen dir nicht klar war, dass du sie schon wieder brauchst, weil du nur eines brauchst: Schlaf und Ruhe und dass alles wieder so wird, wie es einmal war. Wochen vergehen, es schneit wieder, es wird wärmer und dann heiß, und viele sind immer noch da. Deine Freundin bringt die Tochter zur Schule, packt ihr die Frühstücksdose, bespricht immer wieder und wieder mit dir diese Stunden, die alles verändert haben. Die Freundin macht dir Kaffee und bringt Kuchen mit, auch wenn du ihn nicht isst. Sie gießt die Blumen und hält deine Hand, sie krabbelt zu dir ins Bett an dem Tag, als du vor Kummer nicht aufstehen kannst. Sie geht mit dir spazieren und sie stellt die Waschmaschine an. Sie behält einen kühlen Kopf und denkt mit, weil es eine Sache gibt, die du dir jetzt nicht leisten kannst: nicht immer einhundertprozentig da zu sein. Weil jedes Arztgespräch, jedes Formular, jede Entscheidung die Wende bringen kann, in beide Richtungen. Sie recherchiert für dich, sie ruft an, sie stärkt dir den Rücken, zu widersprechen und sitzen zu bleiben, wenn du glaubst, das Richtige zu tun. Und wenn du nicht weißt, ob es das Richtige ist, aber du einfach etwas tun musst. Sie freut sich mit dir, als dein Vater beginnt, kleine Schritte zu machen, obwohl es niemand geglaubt hat. Manchmal sind es die kleinen Schritte, die das ganz große Glück bedeuten. In diesen Tagen werden entfernte Bekannte zu Freunden und Freundinnen zu Familie.

Mir ist seit diesen Tagen noch klarer als vorher: Wir werden alle alt, ich selbst werde irgendwann alt. Und wenn uns die Demografie eines zeigt, dann, dass sich Frauen immer mehr brauchen, je älter sie sind. Unsere Freundschaften werden irgendwann unsere wesentlichste Stütze sein. Statistisch gesehen leben Frauen länger, sind Frauen länger und häufiger Single als Männer, trennen sich eher und verwitwen öfter. Statistisch gesehen werden wir noch viele Jahre miteinander verbringen.

Wenn unsere Partner gegangen sind und unsere Kinder eigene Familien haben, bleiben hoffentlich unsere Freundinnen.

Die mit der unmöglichen Freundschaft

Diese Freundschaft genießt keinen guten Ruf. Es mag eine der innigsten Beziehungen sein, vielleicht sogar ein unzerstörbares Band, aber keine richtige Freundschaft. Psychologen warnen davor. Man braucht etwas anderes als das, ein Vorbild, manchmal auch eine Autorität. Es ist eine andere Form der Nähe. Wenn ich anderen davon erzähle, lächeln sie manchmal dieses Lächeln aus Ungläubigkeit und unterstelltem Selbstbetrug.

Unsere Beziehung hat tatsächlich in den vergangenen Jahrzehnten viele Wendungen und Häutungen durchgemacht. Unsere Unterschiede traten nie so klar hervor wie in meiner Pubertät und dann noch einmal, als ich Mutter wurde. In dieser Zeit musste ich sie auf Distanz halten, um meinen eigenen Weg zu finden. Und ich kam zurück zu uns, nicht aus Pflichtgefühl, sondern aus Sehnsucht nach dieser Nähe, die mir so viel bedeutet. Gemeinsam haben wir sie mit meinem Erwachsenwerden umgestaltet. Wir haben Anziehung und Abstoßung kennengelernt, Frustration und Liebe, gute und schlechte Zeiten: Meine Mama und ich haben die Höhen und die Tiefen unserer Freundschaft durchschritten, sie ist eine meiner besten Freundinnen. Lange Zeit war sie nur meine Mutter, die mich ins Bett bringt, die ich um Erlaubnis frage und die mich berät, ohne dass es eine Gegenseitigkeit gibt. Sie wird das immer bleiben, meine Mutter. Ich erinnere mich an die Kinderszenen, wenn sie mein Knie verarztete und meine Sorgen mit mir teilte. Mit dem eigenen Erwachsenwerden ist etwas hinzugekommen. Es ist die Freiwilligkeit unserer Beziehung. Sie beruht nicht auf Genetik oder sozialen Normen, sondern auf unserem eigenen Wunsch, beieinander zu sein und unser Leben miteinander zu teilen.

Ihr Rat ist mir unendlich wichtig, aber sie besteht nicht darauf, dass ich ihm folge. Sie hört zu, wenn ich scheitere und weine. Sie hat viele kluge Ratschläge für mich, aber hält mir auch den Spiegel vor. Selbst dann, wenn es manchmal wehtut. Sie zwingt mich zum Nachdenken. Eine Freundin, die mich oft besser kennt als ich mich selbst. Ich weiß, dass ich all das auch für sie geworden bin, und ich bin es gern, weil wir Mutter und Tochter und weil wir Freudinnen sind. Wir sind uns in vielem ähnlich und doch unterschiedlich. Trotzdem ist sie eine der Ersten, an die ich denke, wenn ich gute oder schlechte Nachrichten zu erzählen habe. Ich lasse fast alles liegen, wenn sie mich anruft.

»Die Liebe einer Mutter ist unerreichbar, nichts lässt sich mit ihr vergleichen«, so heißt es. Meine Bewunderung für sie ist gestiegen, seit ich selbst Kinder habe, und ich schätze sie noch mehr als Freundin seit dieser Zeit. Meine Beziehung zu ihr gibt mir Kraft, sie hüllt mich ein, gibt mir Sicherheit, spendet Trost und fordert mich heraus. Als Mama hat sie mir beigebracht, mir genau die Menschen in meinem Leben zu suchen, die diese Gefühle auslösen, sie zu lieben und als Wegbegleiterinnen festzuhalten. Als Freundin habe ich sie zu einer von ihnen gemacht. Meine Mama ist meine Vertraute, meine Anwältin, meine Partnerin. Wir sind von jeher durch eine tiefe Liebe aneinandergebunden, unsere Freundschaft hat sie nur noch tiefer gemacht.

»Eine Mutter ist keine Freundin, sondern eine Mutter«, heißt es auch. Aber wenn Freunde die Familie sind, die wir uns aussuchen können, ist es dann nicht gleichzeitig ein unglaubliches Glück, einen Teil der Familie auch Freundin nennen zu können?

Die mit den Briefen

Freitagabend. Die Kinder sind im Bett, der Mann liest die Zeitung, und ich sitze an meinem Schreibtisch. Draußen ist es dunkel, mein Gesicht wird nur von einer kleinen Lampe und dem Licht des Laptops erhellt. Eigentlich muss ich einen Text für ein Magazin fertig schreiben, dafür brauche ich Zucker. Ich schaue auf die herumliegenden Malstifte meiner Tochter, ein Haarband, einen einsamen Ohrring und zu bezahlende Rechnungen, die in der Ecke des Schreibtischs auf Abwicklung warten. Sie konkurrieren mit den offenen Dateien, die auf dem Laptop blinken. Dann hole ich entschlossen mein Briefpapier und den Tintenroller aus der Schublade. Ich streiche über das weiche Papier, das im Schein der Lampe leicht reflektiert. Ich öffne den Stift und fange an, einen Brief an Lene zu schreiben.

Es fühlt sich komisch an, Lene als meine Brieffreundin zu bezeichnen. Bei dem Wort Brieffreundin denke ich an kleine Mädchen. Seit unserem Jahr in England schreiben Lene und ich uns Briefe. Sechzehn Jahre lang schicken wir uns nun schon eng beschriebene weiße Briefbogen zwischen Norwegen und Deutschland hin und her. Nur zweimal haben wir uns in all dieser Zeit gesehen. Nie haben wir ernsthaft überlegt, auf das Telefon umzusteigen. Das Briefe-schreiben ist etwas Besonderes.

Manchmal warten Lenes Briefe sehr lange auf eine Antwort. Sie sind geduldig wie ihre Empfängerin, und wie ich es bin, wenn es an ihr ist, zurückzuschreiben. Briefe sind nicht wie E-Mails oder Textnachrichten. Es gibt keine blinkenden Postfächer, die einen vorwurfsvoll daran erinnern, dass noch eine Antwort aussteht. Briefe haben Zeit, und manchmal brauchen sie selbst ein wenig Zeit, um zu entstehen. Oft tun sie mir leid, weil sie heute fast nur noch Unerfreuliches wie Rechnungen oder Strafzettel transportieren. Aber vielleicht ist die Freude dann umso größer, wenn sie tatsächlich etwas Schönes enthalten.

Nur wenn es wirklich, wirklich lange dauert mit unserer Antwort, schreiben Lene und ich uns kurz eine Nachricht. »Habe deinen Brief bekommen. Werde ihn später beantworten, in ein paar Stunden, ein paar Wochen vielleicht oder wenn ich fünfzig bin. Es kann nicht mehr lange dauern, bis ich alles erledigt habe, um wieder freie Zeit zu haben!« Wir schreiben uns nie etwas über den Inhalt der Briefe. Wir warten, bis die Worte bereit sind, um ihren Weg auf das Papier zu finden, hinein in unsere Erzählung, in der die Zeit schnell vergeht, weil wir Monate in einer halben Seite zusammenfassen, und sie gar nicht zu verstreichen scheint, weil unser Austausch diese wohltuende Routine hat.

Manchmal muss ich mich zwingen, den Sätzen ihre notwendige Zeit zu geben. Manchmal möchte ich ganz schnell antworten, Lene nur kurz etwas erzählen. Aber es ist schöner, abzuwarten, abzuwägen, Worte und Sätze zu verändern, wegzustreichen, neu zu schreiben. So verbinde ich die Punkte meiner Geschichten, fülle die weißen Stellen, bis am Ende ein Ganzes entsteht, das ich sorgfältig falte und in einem Umschlag zu Lene auf die Reise schicke.

Ich bekomme den ersten Brief von Lene, weil sie als Letzte das Haus in England verlässt. Erst nach ihrem Auszug erhalten wir die Kaution unseres Vermieters zurück. Er überreicht Lene vor Ort den Scheck für mich, und sie schickt ihn mir in einem Brief weiter. Heute überlege ich, warum ich ihn ausführlich beantwortet habe, warum ich nicht nur eine kurze Mail zurückschrieb. Vielleicht, weil auch Lene dem Scheck einen Brief beilegte. Einen langen, in dem sie erzählte, wie es ihr in den letzten Wochen ergangen war. So begann es. So schreiben wir uns seitdem hin und her, Jahr um Jahr. Ich schreibe auch sonst viel, aber ich schreibe keine Briefe. Ich schreibe kaum noch mit der Hand. Ich merke, wie es mit den Jahren immer anstrengender wird, Lene zu schreiben, weil ich so viel tippe und meine Handschrift nicht übe. In meinem Alltag gibt es kaum noch Handgeschriebenes. Selbst meine Einkaufszettel tippe ich ins Telefon. Ich muss mich immer mehr bemühen, schön zu schreiben. Je länger mein Brief wird, desto ungelenker wird die Schrift darin. Also mache ich Pausen und setze wieder an. Male die Buchstaben wie die Lehrerin früher an der Tafel mit eleganten Schwüngen von der einen zur anderen Seite.

Einen handgeschriebenen Brief hat jemand berührt, beschrieben, sorgsam glatt gestrichen und eingetütet. In jeder unserer Wohnungen, in Norwegen und in Deutschland, gibt es einen Stapel dieser Briefe, eine Sammlung unserer Leben, unserer Unsicherheiten, Hoffnungen, Wünsche und Träume. Manchmal liegt ihnen ein Foto bei, ein gepresstes Blatt, ein gemaltes Bild unserer Kinder. Lene hebt meine Briefe manchmal auch eine Weile verschlossen auf. Anstatt sie sofort aufzureißen, spart sie sie für einen ruhigen Moment. Ich kann das nicht. Ich öffne sie bereits am Briefkasten und lese sie mehrmals. Einmal für die Neugier und einmal für die Worte und deren Klang.

Mit unseren Familiengründungen wurden die Briefe weniger, aber sie sind nie versiegt. Es gibt immer mindestens zwei Anlässe im Jahr, an denen wir uns auf jeden Fall schreiben. Einmal zwischen Weihnachten und Silvester und dann noch einmal zu unseren Geburtstagen. Das haben wir ausgemacht, irgendwann um das zehnte Jahr. Es ist eine Versicherung, weil uns beiden die Briefe so viel bedeuten. Vor unserem Versprechen war es in unseren Briefen erstmals um die Briefe selbst gegangen. Wir schrieben uns, wie wertvoll sie uns sind, wie lieb uns die Zeit ist, die wir uns selbst schenken, um sie zu schreiben, wie glücklich sie uns machen.

Manchmal denke ich darüber nach, ob ein Brief und ein Stift in den kommenden sechzehn Jahren vielleicht eine Antiquität werden könnten. Ich fürchte, dass das Briefschreiben eine ausgestorbene Fertigkeit wird, der nur noch wir beide nachgehen. Vielleicht gibt es dann gar keine normale Post mehr zwischen Norwegen und Deutschland, weil die meisten Menschen Briefe nicht mehr interessieren. Es ist schließlich egal, auf welchem Zustellweg uns Rechnungen und Strafzettel ärgern. Ich sorge mich nicht, dass die Verbindung zwischen Lene und mir abreißt. Wir werden einen Weg finden, Tipps für die Wechseljahre und Fotos unserer Enkel hin und her zu senden. Aber es wäre am schönsten, wenn wir uns weiterhin Briefe schreiben könnten.

Freundschaftswissen:
Älter werden

Nachdem uns in unseren Dreißigern und Vierzigern Kinder und Karriere beschäftigt haben, steigt ab dem fünfzigsten Lebensjahr die Bedeutung von Freundschaft wieder an. Mit jedem Lebensjahr wird sie uns wertvoller. Aber auch die Einsamkeit nimmt mit dem Alter zu. 2017 wurde in Großbritannien ein Ministerium für Einsamkeit ins Leben gerufen, nachdem eine Untersuchung herausfand, dass 200 000 Rentner nur einmal im Monat Kontakt mit einem Freund oder einer Freundin hatten. Ein Problem, das insbesondere Frauen betrifft. Auch in Deutschland sind Frauen über siebzig die am stärksten wachsende Gruppe in der demografischen Verteilung. Alleinsein im Alter macht uns aber nicht nur unglücklich, auch unsere Gehirnfunktion nimmt ab, wenn es an guten, stabilen Beziehungen fehlt. Chronische Einsamkeit beeinflusst unsere Herzgesundheit und erhöht das Risiko, an Diabetes oder Alzheimer zu erkranken. In vertraute Beziehungen zu investieren und Freundschaften lebendig zu halten ist Gesundheitsvorsorge!

Was Freundschaft mit uns macht

Meine Tochter ist traurig. Ich möchte es ihr so gern leichter machen. Sie versteht nicht, dass jemand an einem Tag ihre beste Freundin sein kann und sie am nächsten behandelt wie Luft. Ich nehme sie in den Arm, und sie kuschelt sich an mich. Ihre Haare riechen nach Erdbeershampoo.

»Das ist einfach nicht höflich, Mama. Es verletzt mich«, sagt sie mit einer Klarheit, die mich noch trauriger macht. »Meinst du, ich werde jemals eine wirkliche beste Freundin finden?« Ich streiche über ihr Erdbeerhaar: »Bestimmt, mein Schatz.«

»Versprichst du es?« Ich zögere kurz und nicke: »Ich verspreche es.«

Es ist nicht leicht, ein Mädchen zu sein, Mädchen sind manchmal komplizierte Wesen. Sie brauchen einander und stoßen sich weg, sie schimpfen und zerkratzen ihre Gefühle. Das Gespräch mit meiner Tochter geht mir nicht mehr aus dem Kopf, am Abend erzähle ich Anne davon. »Ja, eigentlich ein komisches Versprechen, oder? Ich meine, was für eine Hypothek, die man den Kindern da mitgibt.« Nun, so deutlich hätte ich es vielleicht nicht gebraucht, aber Anne kennt mich gut. Sie hat meine Zweifel verstanden. Vielleicht hätte ich meine Tochter nicht bestärken sollen? Kann ich ihr eine beste Freundin versprechen, wenn ich doch selbst weiß, wie unvorhersehbar Freundschaften sein können? Aber das weiß meine Tochter eigentlich auch allein. Schließlich lebt kaum jemand Freundschaften so intensiv wie Kinder. Wenn sie jemanden neu kennenlernen, ist es, als würden sie eine neue Welt entdecken. Sie tun alles füreinander, ihr Streit ist genauso absolut wie ihre Versöhnung. Vielleicht kennen sie den Wert der Freundschaft tatsächlich am besten.

In den Monaten, in denen ich dieses Buch schreibe, fahre ich viel Auto. Berliner Autofahrer sind berüchtigt, es wird viel gehupt und gestritten. Es ist eine komische Mischung, die meine Tage prägt. Ich schreibe dieses Buch und denke an die vielen wunderbaren Menschen in meinem Leben. Wieder breitet sich dieses warme Gefühl in der Magengegend aus. Dann steige ich ins Auto oder gehe in den Supermarkt und sehe verwundert die mürrischen Gesichter. All diese Menschen haben doch hoffentlich wunderbare Menschen in ihrem Leben. Gleichzeitig ist immer wieder die Rede von einer Einsamkeitsepidemie. Vielleicht ist das kein Wunder. Schließlich hören wir überall von den Vorzügen der Durchsetzungsfähigkeit und des Eigeninteresses. Selbst die viel gepriesene Selbstliebe ist am Ende eben nur genau das, eine Liebe zu sich selbst. Wenn wir darüber reden, was ein gutes Leben ausmacht, wie wir gesünder und zufriedener und länger leben können, dann müssen wir nicht nur an Sport oder gesunde Ernährung denken, sondern auch auf unsere Beziehungen, auf unsere Freundschaften blicken. Der erste Schritt ist, sich auf die zu besinnen, die uns begleiten. Nicht mehr und nicht weniger wollte ich mit diesem Buch tun. Beziehungen sind keine Konten, auf die wir einzahlen und die am Ende eine bestimmte Summe für uns bereithalten. Aber wenn die Zeit vorbeifliegt, muss man die festhalten, die nah bei uns sind.

Ich habe das Gefühl, genau jetzt die besten Freundschaften meines Lebens zu führen. Die, die mir am meisten geben, die mich erden, mich aufbauen und wirklich glücklich machen. Meine Freundinnen sind die wahren Romanzen meines Lebens. Liebe ist ein Gefühl, das wir für diejenigen empfinden, die tief in unserem Herzen wohnen. Es kann leicht sein wie eine Umarmung oder schwer wie ehrliche Worte, die Überwindung kosten. Das Beste, was wir mit unserer Zeit machen können, ist, Liebe in all ihren Formen zu erleben, ohne Scham und Taktik, sondern immer mutig und echt.

Letzte Woche kam ich an einem Zeitschriftenladen vorbei. Dort lag eine Karte, auf der stand, dass eine beste Freundin die Sahnehaube auf dem Lebenskuchen sei. Ich habe kurz darüber nachgedacht – und sie Anne dann doch nicht gekauft. Ich habe mit ihr in den letzten Jahren über so vieles gesprochen, habe meine Gedanken, Sorgen und mein Glück mit ihr geteilt. Wir beide lernen uns nicht mehr kennen, wir kennen einander. Wir erleben, wie sich unsere Beziehungen, wie sich unsere Leben entwickeln, wir sehen unsere Kinder aufwachsen.

Kann man etwas Gutes daran finden, dass die Zeit verstreicht? Mindestens dieses eine: Es ist die einzige Möglichkeit, um alte Freundinnen zu werden. Hier gibt es keine Abkürzung. Aber als ich wieder an die Karte aus dem Zeitschriftenladen denke, überlege ich: Meine beste Freundin habe ich Anne schon lange nicht mehr genannt.

Auch Anne scheint darüber nachzudenken, als wir über das Gespräch mit meiner Tochter reden.

»Bin ich denn deine beste Freundin, so mit Herzchen und Glitzer?«, fragt sie scherzhaft am Telefon in meine Gedanken.

»Nein«, sage ich. »Du bist viel mehr. Du bist meine andere große Liebe.«

Corinne Luca, 1982 in einem Dorf an der Elbe geboren, verschenkte als Kind ihre Spielsachen und verbringt bis heute viele Stunden mit ihren Freundinnen am Telefon, auf dem Sofa oder in Cafés. 2016 erhielt sie für ihr Blogmagazin *makellosmag* den renommierten »Grimme Online Award«. Ihre Texte erscheinen bei *EMOTION, Edition F* und *bento*. Sie lebt mit Mann und Kindern in Berlin.

VON AUFBRÜCHEN, GRENZGÄNGERN UND DEM GROSSEN GLÜCK

Die Suche nach dem Glück lässt uns in fremde Welten streben, über Grenzen gehen und Neues ausprobieren. Ob im Urlaub, im Alltag oder in der Ferne, im Hier und Jetzt oder in der Fantasie. Die Geschichten sind so unterschiedlich wie die Menschen, um die es dabei geht. Eines aber ist dem ersehnten Glück immer gleich: Man findet es meist dort, wo man es am wenigsten sucht.

KATRIN EISNER
VON GLÜCKSSUCHERN UND WELTENTDECKERN
144 Seiten · 12,0 × 20,0 cm
Hardcover mit Leinen · ISBN 978-3-7109-0079-2
€ 18,00